잘파가 온다

잘파가 온다

Z+Alpha
Generation

◆ 역사상 최대 소비 권력이 장악할 글로벌 마케팅 트렌드 ◆

황지영 지음

리더스북

이 책을 먼저 읽은 이들의 찬사

◆   이제 시장에 우리가 알던 '그 고객'은 없다. 팬데믹 이후 크게 변화한 소비자는 과거의 지식으로 예상할 수 있는 행동 패턴을 벗어날 때가 많다. 여기에 새로운 소비 권력인 잘파 세대가 대거 유입되며 기업에서는 대처 방안 마련에 어려움을 겪고 있다. 이러한 시기에 『잘파가 온다』의 출간은 매우 반갑다. 황지영 교수는 뉴노멀 시대에 진화한 소비자의 심리와 소비 패턴을 정확하게 짚어내는 한편 글로벌 트렌드에 대한 전문적인 관점으로 국내 기업들이 당면한 위기를 돌파할 수 있는 신선한 인사이트를 제시한다.

— 홍성태(한양대학교 경영대학 명예교수, 『브랜드로 남는다는 것』 저자)

◆   이제 겨우 MZ까지 알게 되었는데 '잘파'라니 피곤할 수도 있다. 그런데 잘파 세대는 인류 역사상 가장 거대한 인구 집단이자 세대

가치를 글로벌하게 공유하기에 숙명적으로 이해해야 하는 집단이다. 이런 잘파의 특성으로는 자존감, 연결성, 공동체, 다양성 등이 있다. 그렇다면 무엇이 특별할까? 타인과의 연결이 필요하지만 날 너무 찾지 않길 바라고, 나의 자존감도 소중하나 공동체도 중요하다. 언뜻 보면 이들을 '모순'으로 해석할 기성세대는 물론, 오늘날 '힙함'을 이끄는 밀레니얼도 이해하기 어려운 점이 가득한 세대가 잘파다. 이들을 통해 글로벌 시장의 트렌드를 예측하고 싶다면 일독을 추천한다.

— 조영태(서울대학교 인구정책연구센터장, 『인구 미래 공존』 저자)

◆　　　저자는 『리테일의 미래』 등 이전 저서에서 글로벌 소비자 트렌드의 중요한 변화와 마케터를 위한 미래 전략을 명확하게 제시해주었다. 이번 저서에서도 역시 잘파 세대의 특성과 트렌드를 명확히 짚어낸다. 태어날 때부터 디지털 기기에 둘러싸여 성장한 최초의 디지털 네이티브 세대인 잘파는 이제 곧 성인이 되는 매우 중요한 고객층이다. 이들에게 공감을 얻을 수 있는 마케팅과 사업 전략을 고민하는 경영자와 마케터에게 일독을 권한다.

— 진민규(LG디스플레이 마케팅지원담당, 『마케터블』 저자)

◆　　　미래에 대한 기대와 위기가 뒤섞인 이 시대에 누구보다 자연스럽게 적응하며 민감하게 반응하는 잘파 세대, 이 책은 그들이 만들어가는 파급력 높은 소비 트렌드의 핵심을 정확하게 포착하고 있다. 트렌드의 표면을 넘어, 잘파 세대가 주도하는 지금의 트렌드가 형성되는 복잡한 메커니즘과 글로벌 생태계를 예리하고 능숙하게 연결하는 저자의 통찰력과 스토리텔링이 돋보인다.

— 허정원(아모레퍼시픽 크리에이티브센터장)

◆　　　스타벅스 이대 1호점이 첫발을 내디뎠던 1999년, 새로운 커피 문화 열풍을 이끌었던 것은 갓 20대에 들어선 밀레니얼 세대였다. 25년이 지난 지금 프리미엄과 저가 상품을 넘나드는 소비로 삶의 주체성을 찾는 잘파 세대의 등장은 많은 경영자에게 신선한 방향성을 제시하고 있다. 포스트코로나 시대에 새로운 소비 트렌드가 궁금한 많은 분들에게 일독을 권한다.

— 손정현(스타벅스코리아 대표이사)

◆　　　디커플링, 디리스킹, 디레버리지의 시대. 폴리크라이시스는 일상화되었고 기업은 단기적으로 비용 절감, 구조 조정, 자금 조달에

매달릴 수밖에 없는 상황이다. 다시 고객을 보라. 지금은 보트가 가라 앉을 것에 대비하다가 보트 자체를 잃을 수 있는 상황이다. 저마다 창 의적인 방법으로 고객을 사로잡고 있는 전략과 사례를 한눈에 제시한 이 책은 당신이 비즈니스를 바라보는 새로운 시각을 선사한다.

— 곽정우(신세계푸드 식품유통본부장)

◆   언제까지 'MZ 타령'만 할 것인가? 어느새 알파 세대가 왔다. 밀레니얼 세대의 자녀이자 태어나 처음으로 마주한 것이 '엄마 얼굴'과 '스마트폰 액정'인 최초의 인류. 그들의 주의력 집중 시간은 단 3초! 여 기 국내 최초로 알파 세대와 Z 세대를 아우르는 잘파 세대를 분석한 책 이 있다. 그들을 이해하고 싶은가? 당장 이 책을 펼치시라. 당신이 다가 올 시장을 선점할 것이다.

— 오정후(BGF리테일 전략기획 전무)

단절과 불확실성 속에
소비 신인류가 부상하다

　　지금 전 세계는 인플레이션, 전쟁, 이상기후 등 일일이 열거하기에
도 벅찬 위기와 함께 폴리크라이시스polycrisis (복합 위기)의 시대를 맞이하
고 있다. 팬데믹pandemic의 종식으로 기대했던 긍정적인 모습과는 다른
상황이 나타나 모든 예측은 어긋나고 우리는 한 치 앞을 내다보기 어려
운 마케팅 환경에 직면해 있다. 불확실성이 적은 환경에서는 기존 관
습이나 경험을 기반으로 변화에 대응할 수 있다. 하지만 변화의 주기가
짧아지고 그 폭이 커질수록 불확실성이 높아져 미래를 예측하는 일이
어려워진다.

　　이런 상황 속에 펴내는 이번 책은 불확실성이 극대화된 상황에서 국
내를 벗어나 조금 더 거시적 차원에서 동시다발적으로 일어나고 있는

변화의 흐름을 짚어보고 방향성을 제시하고자 한다. 필자가 2019년에 집필한『리테일의 미래』에서는 AI, 옴니채널, 스마트 물류, 블록체인 등 10가지 키워드로 첨단 기술이 소비와 리테일을 어떻게 바꿀 것인가를 전망해보았다. 그런데 2020년, 팬데믹이라는 예상치 못한 전 지구적 사건은 디지털 가속화와 앞서 예측한 전망이 5년씩 앞당겨 현실화되도록 했다. 게다가 오프라인 리테일은 팬데믹과 디지털 집중화로 위기가 더욱 심화되었다.

이런 상황에서 2020년에 펴낸『리:스토어』를 통해 언컨택트 시대, 오프라인 채널의 가치를 다시 살펴보고자 했다. 실재감을 증폭하고 독특한 경험을 제공하는 등 오프라인 리테일이 변화하는 소비자를 사로잡을 수 있는 여덟 가지 전략을 제시했다. 다행스럽게도 제시했던 방향과 부합하는 사례가 속속 등장하는 것을 목격할 수 있었다. 인간은 디지털 환경에서만 살 수 없는 만큼 오프라인 채널은 고유의 가치를 유지하며 혁신과 진화를 거듭해나가야 할 것이다.

엔데믹 시대로 접어든 2023년 현재, 우리는 이전과는 확연히 다른 시대를 살고 있다. 팬데믹을 경험한 3년이 마치 1년처럼 느껴지는 시간의 수축 효과를 경험했고 시간뿐 아니라 생산성, 편의성, 삶과 즐거움에 대한 인식이 순식간에 진화했다. 소비에 대한 관점도 크게 바뀌었다. 몇 년간 오프라인 활동은 억제하는 반면 온라인 활동을 늘릴 수밖에 없는 환경에서 개개인 고유의 기호는 시장의 세분화를 촉진했다. 그리고 무엇보다 이 혼란의 시기에 주목받기 시작한 소비 권력이 있다. 바로 잘파 세대Generation Z+Alpha다.

잘파는 1990년대 중반~2000년대 후반 출생한 Z 세대와 2010년 이후 출생한 알파Alpha 세대를 합쳐 부르는 용어다. 매크린들연구소는 2025년 전 세계 알파 세대 인구가 22억 명에 달할 것으로 전망하였는데 이는 전체 인구의 25% 이상을 차지하는 수다. 역대 최대 규모의 인구수와 자본력, 디지털 영향력으로 무장한 이들의 등장으로 기업에서는 촉각을 곤두세우고 있는 상황이다. 이들과 함께 기술과 미디어의 발전이 맞물려 돌아가며 기업의 마케팅 문법이 새롭게 쓰이는 중이다.

2023년 가장 뜨거운 화두였던 챗GPT는 사용자가 5일 만에 100만 명을 넘었다. 5개월 만에 하루 사용자가 6,000만 명이 넘고, 월간 활성 사용자MAU가 19억 명이 넘을 정도로 개인 차원의 AI 사용이 전방위적으로 확대되는 계기였다. 2년 안에 콘텐츠 중 80%가 AI로 만들어질 것이라는 전망도 있다. 매일같이 쏟아지는 챗GPT 기반 플러그인plug-in은 디지털 마케팅과 서비스업계에 큰 변혁을 일으키고 있다.

소셜 미디어는 어떠한가. 알고리즘과 타인의 시선에서 벗어나고 싶은 이들이 늘어나며 인스타그램과 유튜브 대신 비리얼^{BeReal} 같은 안티 알고리즘^{anti-algorithm} 소셜 미디어에 관심이 쏠리고 있다. 온라인상에서 맺어지는 얕은 관계에 회의를 느낀 이들이 늘면서 진정한 소통과 연결에 대한 중요성도 커졌다. 디지털로 언제 어디든 누구에게나 연결되어 있다고 느끼는 시대에 아이러니하게 관계의 단절과 결핍이 존재한다는 우려는 점차 현실이 되어가고 있다. 디지털 세계의 도파민^{dopamine} 중독에 대한 경각심도 커졌다.

팬데믹은 신체적·정신적 건강과 행복에 대한 중요성을 몸소 깨닫게 한 계기가 되었고, 디지털 노매드^{digital nomad}가 확산되며 일과 휴식의 경계 구분을 위해 '의식적 한가로움'과 '의식적 게으름'을 추구하는 새로운 요구도 생겨났다. 급변하는 환경에 대한 무감각이 커지며 오히려 자신이 누릴 수 있는 '의식적 쾌락'을 적극적으로 찾는 경향도 늘었다.

경기 침체와 분열의 정치, 그리고 사회적 변화와 기후 위기 심화 등 그 어느 때보다 불확실성이 커진 현 상황에 효과적으로 대응하고 미래를 준비할 방향성이 필요한 시점이다.

흥미로운 사실은 시대를 거듭할수록 글로벌 시장에서 각 세대의 특징은 점점 더 비슷해지고 있다는 것이다. 가령 미국의 Z 세대와 한국의

Z 세대는 그 어느 세대보다 높은 유사성을 보인다. 따라서 글로벌 잘파 세대의 특성을 파악하는 일은 국내 기업에게도 유의미한 인사이트가 될 것이다. 이 책에서는 미국을 중심으로 한 글로벌 트렌드와 함께, 그 저변에 존재하는 심리적 기제와 사회학을 결합해 이 시대를 읽는 핵심 마케팅 키워드를 제시한다.

1장에서는 새로운 소비 권력으로 떠오른 잘파 세대의 특성과 기업

이 이들을 주목해야 하는 이유를 낱낱이 살핀다. 2~7장에 걸쳐 아홉 가지 마케팅 코드를 제시하고 이러한 흐름이 등장한 원인과 배경을 분석하는 한편 성공을 거둔 비즈니스 사례를 소개한다. 그리고 각 장이 끝날 때마다 기업과 마케터가 이용할 수 있는 실전 전략을 제시한다.

이 책의 핵심 키워드를 선정할 때 주목한 질문은 다음과 같다.

- ◆ 잘파 세대를 중심으로 한 세대교체는 어떤 사회적 변화를 시사하고, 기업에 어떤 영향을 미치는가?

- ◆ 안티알고리즘과 익명성(인코그니토incognito)을 반영한 서비스의 등장은 기술적 디스토피아를 시사한다. 이와 관련한 소비자의 새로운 요구는 무엇이고 기업은 여기에 어떻게 대응해야 할까?

- ◆ 소셜 미디어는 사회를 연결하는 한편, 고립을 강화하기도 하는 환경에서 진정성과 연결을 강조하는 소셜 미디어가 기존 소셜 미디어 강자를 제치고 부상하는 이유는 무엇인가? 이 부상은 반짝 유행으로 끝날 것인가, 아니면 새로운 방향을 제시하는가?

- ◆ 디지털이 우리 삶을 지배하는 지금, 디지털 유토피아에서 편안함과 불편함, 즉 양면성을 느끼는 이유는 무엇인가? 이는 무엇을 설명하고 예측하도록 하는가?

◆ 앞으로 또다시 다가올 것으로 예상되는 재난에 대한 공포로 인간의 깊은 내면에 잠재되어 있는 욕구가 어떤 방식으로 진화되고 있는가?

◆ 잘파 세대를 중심으로 진지함보다는 가벼움을 지향하는 소비 경향이 강해지는 이유는 무엇인가? 이들의 특성을 반영한 스니펫 컬처snippet culture는 기업에 어떤 인사이트로 활용될 수 있는가?

◆ 팬데믹을 겪으며 나타난 시간 수축 효과와 무기력, 무감각이 증가하며 오히려 의식적으로 단절과 즐거움을 찾는 현대인에게 숨어 있는 필요와 욕구는 무엇일까? 웰니스는 어떤 새로운 의미를 지니게 되었을까?

이러한 질문에 대해 고민하고 답을 찾아가는 것은 쉽지 않은 일이다. 하지만 지금은 이처럼 심화된 인사이트를 도출해야 하는 시점이다.

기업이 불확실성과 경기 침체 등의 리스크에 노출되었을 때 취할 수 있는 전략은 크게 두 가지다. 경영학자 피터 딕슨Peter Dickson과 조지프 기글리에라노Joseph Giglierano[1]에 의하면 바다에 좌초된 보트(기업)의 선택은 '보트가 가라앉을 것sinking the boat을 각오하고 실패할 확률이 있더라도 대범하게 움직인다'가 아니면 '보트를 잃어버릴 것missing the boat을 염려해 대범한 시도 없이 현상 유지에 만족한다' 중 하나다. 불확실성에 대응하는 방식에 기업의 존폐가 달려 있다는 뜻으로 장기적 관점과 올바른 방향이 중요함을 강조하는 말이다. 당장 눈앞의 이익만 바라보는 단기적 관점으로는 '보트 자체를 잃어버리는' 과오를 범할 수도 있다.

　개인 차원에서도 불확실한 상황에서 리스크를 어떻게 바라보고 미래를 대비할 것인가에 대한 기준을 정립할 필요가 있는 시기다. 현재 벌어지는 상황을 기회로 보고 새로운 시도를 하는 것, 직접적 시도를 하지 않더라도 전 세계적으로 일어나고 있는 소비 변화를 읽고, 보다 큰 시각에서 미래를 위한 준비를 시작하는 것이 무엇보다 중요한 시점이기 때문이다.

　단절과 결핍, 변화, 불확실성 속에서 생존하는 것과 미래를 준비하는 것이 절체절명의 과제가 되었다. 경기 침체가 닥치면 당장 비용 절감 같은 단기적 성과에 매몰되기 쉽다. 이 책은 글로벌 비즈니스 사례를 통해 위기를 타개하기 위한 방법이 얼마나 다양한지 생생하게 보여주고자 한다. 새로운 시대의 마케팅을 고민하는 독자들에게 조금이나마 방향성을 제시해줄 수 있기를 간절히 바란다.

목차

이 책을 먼저 읽은 이들의 찬사   4

프롤로그   단절과 불확실성 속에 소비 신인류가 부상하다   8

1장   잘파 세대가 이끄는 새로운 소비 트렌드   20
역사상 가장 존재감 넘치는 집단의 등장

잘파, X 세대와 밀레니얼의 자녀들 │ 그들이 멋모르는 애들이 아닌 이
유 │ 일찍부터 경제관념에 눈뜬 자본주의 키즈

2장   알고리즘에 반기를 든 세대의 등장   42
#날추적하지마세요 #안티알고리즘

알고리즘, 양날의 검 │ 기술적 디스토피아가 도래하다 │ 확증 편향, 양
극화, 미적 감각의 하락 │ 알고리즘을 거부하기 시작하다 │ '안티인스
타'에 열광하는 이유 │ 소셜 미디어 트렌드 변천사

│ 전략 포인트 │ 안티알고리즘과 진정성을 비즈니스에 접목하라

3장

디지털 네이티브, 인간적 소통을 갈구하다　78
#연결되어있다는감각

외로움과 고립감, 인성 변화까지 초래하다 | 인간적 연결을 보여준 기업의 사례 | 지역 기반 커뮤니티 플랫폼의 성공 비결

| 전략 포인트 | 착한 소통으로 소비자를 연결하라

4장

클릭 한번으로 가치관을 드러내다　106
#나보다우리가더중요해 #내가바꾸는세상

소셜 임팩트는 선택의 문제가 아니다 | '나'가 중요한 밀레니얼, '우리'가 중요한 Z 세대 | 소셜 임팩트로 울고 웃는 기업들

| 전략 포인트 | 소셜 임팩트 차별화 전략을 세워라

5장

관계도, 콘텐츠도, 식사도 간편해야 한다　144
#진지함보다는가벼움

시추에이션십, 관계도 가볍게 | 스낵 컬처와 스니펫 컬처 | 순간의 즐거움에 매료된 까닭 | F&B 영역에 파고든 가벼움

| 전략 포인트 | 가벼움의 정서를 서비스에 반영하라

6장

불확실성이 소비자를 바꾸다   **170**

#소비로자존감을높이다

글로벌 위기가 소비자에게 미치는 영향 | '더 작고 더 빠른' 이득을 취하다 | 절약과 탐닉, 소비 패턴의 양극화 | 다양한 옵션이 주는 만족감 | 경험하지 못한 과거를 그리워하는 세대 | 경기 침체를 리스크로 볼 것인가, 불확실성으로 볼 것인가 | 고객의 감정적 반응을 이끌어내라

| 전략 포인트 | 소비자의 심리적 부담을 낮춰라

7장

자신만의 '젊음'의 기준을 찾다   **208**

#나이를재정의하다 #의식적게으름

나이에 대한 고정관념이 뒤바뀌다 | 건강 챙기며 맥주를 즐기는 이들 | 그들의 유연한 채식 생활 | 숙면도 산업이 된 시대 | 마음챙김과 게임의 상관관계 | 게으름의 시간이 필요하다

| 전략 포인트 | 고객의 나이를 재정의하라

에필로그	잘파 세대 분석을 넘어 세분화된 전략이 필요하다	238
주		242
참고문헌		250
이미지 출처		255

위기에는 가장 대담한 방법이
때로는 가장 안전하다.

— 헨리 키신저Henry A. Kissinger —

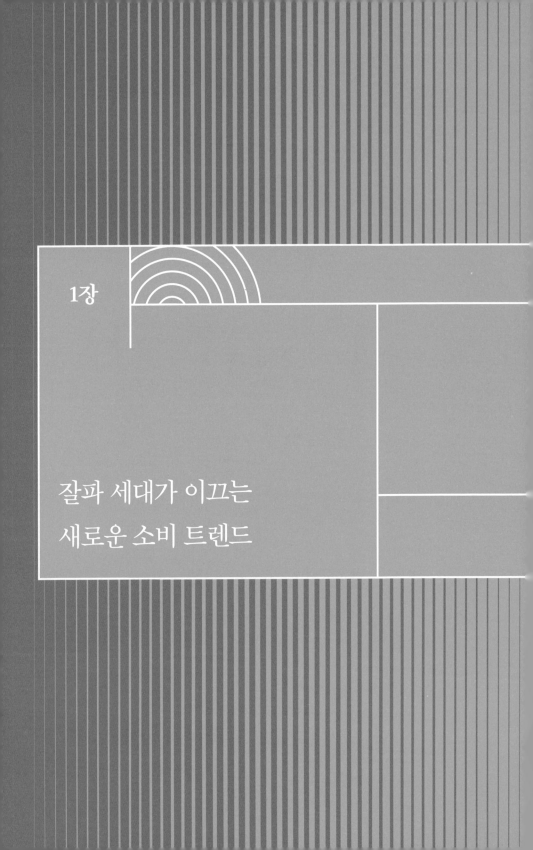

1장

잘파 세대가 이끄는
새로운 소비 트렌드

역사상 가장 존재감 넘치는 집단의 등장

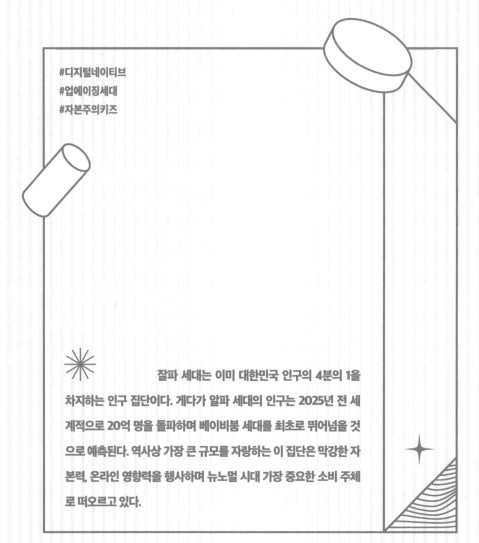

#디지털네이티브
#업에이징세대
#자본주의키즈

잘파 세대는 이미 대한민국 인구의 4분의 1을 차지하는 인구 집단이다. 게다가 알파 세대의 인구는 2025년 전 세계적으로 20억 명을 돌파하며 베이비붐 세대를 최초로 뛰어넘을 것으로 예측된다. 역사상 가장 큰 규모를 자랑하는 이 집단은 막강한 자본력, 온라인 영향력을 행사하며 뉴노멀 시대 가장 중요한 소비 주체로 떠오르고 있다.

미국의 10대가 가장 돈을 많이 쓰는 곳은 어디일까? 당연히 아마존이다. 아마존은 이 떠오르는 10대 고객을 위해 손쉽게(간단한 부모의 동의절차를 거치기는 하지만) 회원 가입과 전용 계좌를 오픈할 수 있게 해놓았다. 아마존만이 아니다. 이미 우버나 벤모Venmo(모바일 뱅킹 앱) 같은 사이트도 10대 고객 가입을 위해 편의성을 높였다. 10대의 지갑을 여는 일에 빅테크 기업들이 얼마나 섬세하게 접근하고 있는지를 보여주는 사례다.

앞서 언급한 것처럼 2010년 이후 태어난 '요즘 10대', 즉 알파 세대(새로운 세기에 태어난 첫 세대로 '처음'을 뜻하는 그리스 알파벳 첫 자 알파α를 따서 이름 붙였다)의 등장은 많은 것을 바꿔놓고 있다. 그들은 우리가 알던 과거의 10대와 완전히 다르다. 알파 세대는 어릴 때부터 주식투자 등을 접하며 재정적 이해력financial literacy을 키울 수 있는 환경에서 자란 것이 특징이다. 지난 몇 년간 큰 붐을 일으켰던 메타버스 플랫폼 중 하나인 로블록스Roblox에서 직접 게임을 개발해 수익을 창출한 경험을 한 이들이기도 하다. 또 어린 시절 주식을 생일 선물로 받는 등 일찍이 경제관념을 키운 이들은 NFT, 코인 등 다양한 투자 수단에 관심이 많아 비즈니스 마인드를 장착한 세대라고 불리기도 한다. 알파 세대는 1990년대 중반~2000년대 후반에 걸쳐 태어난 Z 세대와 함께 잘파 세대로 분류되며 글로벌 소비의 새로운 주역으로 부상 중이다. 알파 세대의 특성과 관련 전망은 아래와 같다.

- 미국의 경우 가장 부유한 세대가 될 것.
- 팬데믹이 노멀이 된 세대.
- AI, 시리, 알렉사Alexa(아마존의 AI 비서), 챗GPT가 일상이 됨.
- 궁금한 것이 있으면 구글 검색보다 틱톡 동영상 검색을 통해 배우고, 소셜 미디어에서 쇼핑하는 소셜 쇼핑social shopping 세대.
- 모든 정보에 디지털로 접근할 수 있고, 즉각적 반응에 익숙하기 때문에 참을성은 줄어들었고, 모든 것에 곧바로 반응하는 것이 기본이며, 기업에도 같은 정도의 즉각적 반응을 원함.
- 비즈니스 마인드의 세대, 어릴 때부터 주식투자, 로블록스 수익 창출, 마인크래프트 등의 가상 세계에 익숙한 세대.

- 가상 화폐와 디지털 지갑(애플페이, 삼성페이 등 모바일 페이) 중심의 소비를 주로 하며 실물 지갑을 사용하지 않거나 아주 한정된 경험만 할 세대.
- 디지털-퍼스트digital-first 세대지만 오프라인 또한 좋아함.
- 부모인 밀레니얼 세대의 영향을 받는 한편, 밀레니얼의 소비 결정에 영향을 끼치는 세대.

이미 아마존과 우버 등 세계적인 기업은 잘파 세대 분석을 통해 미래를 준비하고 있다. 물론 세대별 특징이 다르고 특히 알파 세대는 Z 세대보다 다양성이 두드러지는 만큼 세대를 구분하는 것을 회의적으로 보는 연구자도 많다. 하지만 소비 주체가 'MZ'에서 '잘파'로 이동하는 것은 마케팅과 리테일업계에서 놓치지 말아야 할 변화다. 사실 MZ 세대의 경우 나이대가 워낙 광범위하고 라이프스타일 역시 다양해서 한 세대로 묶는 것이 과연 타당한가 하는 의문이 있었다(유난히 국내에서 'MZ'가 과도하게 소비된 감이 있다).

그런 점에서 오히려 Z 세대와 알파 세대는 유사한 점이 많은 편이다. 디지털 언어를 마치 모국어처럼 사용하는 '디지털 네이티브Digital Native'로, 아이폰(2007년), 스포티파이(2008년), 우버(2009년), 아이패드(2010년), 인스타그램(2010년), 구글글래스(2014년), 포트나이트(2017년), 틱톡(2018년)과 함께 성장하면서 이전과는 전혀 다른 생활양식을 경험한 첫 세대이기 때문이다. 특히 알파 세대가 시작되는 2010년은 아이패드와 인스타그램이 론칭된 해라는 점도 의미심장하다. 어린 시절부터 자연스럽게 SNS 활동을 접해온 이들은 친환경, 인권, 다양성 등 사회적 이슈에 적극적으로 의사를 표현하는 해시태그 운동에 동참하는 등 막강한 온라인 영향력을 보여주기도 한다. 그뿐만 아니라 부유한 가정환경의 영향과 일찍부터 경제활동에 참여한 덕분에 나이에 비해 큰 자본력을 쥐고 있다는 것도 비슷하다.

잘파, X 세대와 밀레니얼의 자녀들

잘파 세대가 앞으로 기업에 중요한 이유는 세 가지로 정리할 수 있는데, 그중 첫 번째 이유는 이들이 3~5년 안에 가장 중요한 소비 주체로 부상할 것이라는 점 때문이다. 미국에서 현재 Z 세대는 전체 인구의 20%를 차지하고, 알파 세대는 4,500만 명으로 전체 인구의 13%를 차지한다. 그런데 전 세계에서 매주 2,800만 명의 알파 세대가 세상의 빛을 보고 있고,[1] 2025년에는 무려 20억 명에 달하는 역사상 규모가 가장 큰 세대로 기록될 전망이다. 몇 년 내에 막강한 소비 권력으로 부상할 이들을 철저히 분석하고 어필할 방법을 구상하는 것은 기업이 당면한 시급한 과제가 되었다. 특히 이들의 성장 배경과 시대적 배경, 이들이 선호하는 소비문화의 상징과 특징 등을 정확히 아는 것이 중요해졌다.

여기서 주목할 점은 잘파 세대를 이해하려고 할 때, 이들의 부모 세대인 X 세대와 밀레니얼 세대 또한 다른 각도에서 살펴볼 필요가 있다는 것이다. X 세대는 Z 세대의 부모 세대로, 밀레니얼 세대는 알파 세대의 부모로서 향후 소비를 이끌어갈 새로운 소비층과 맞물려 있는 중요한 소비자층이다. 그래서 이 책은 잘파 세대(27쪽 그래프의 분홍색 구간)와 이들의 부모 세대인 밀레니얼·X 세대(노란색 구간) 간의 관계성에도 주목하고 있다. 쇼핑을 할 때 밀레니얼 세대 부모와 알파 세대가 상

2021~2025년 글로벌 인구 분포

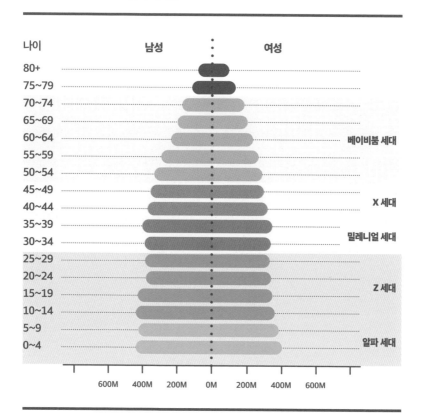

출처_드림스타임

호작용을 하며 소비를 결정하는데, 부모-자녀의 상호 간 영향이 이전 세대에 없었던 것은 아니지만 알파 세대는 그 경향이 훨씬 더 뚜렷하기 때문이다. 특히 알파 세대는 팬데믹 기간 학교에 가는 대신 한 공간에서 부모와 보내는 시간이 많았다. 부모-자식 간의 접촉이 많을 수밖에 없는 환경에 계속 노출되다 보니 반강제적으로 부모의 생각과 행동 양식을 습득할 수밖에 없었다. 그래서 알파 세대를 '미니 밀레니얼Mini Millennials'이라고 부르기도 한다.

밀레니얼 세대의 부모는 자녀를 위해 최고의 브랜드를 선택한다. 내 아이가 먹는 음식, 입는 옷이라면 최상급 상품을 고르고, 이에 익숙한 알파 세대 역시 상품의 퀄리티와 브랜드에 관심을 기울일 수밖에 없다. 한국은 초저출산율의 여파로 알파 세대 인구가 차지하는 비중 자체는 전 세계적으로나 미국에 비해 낮다. 하지만 오히려 그렇기 때문에 귀하디귀한 알파 세대의 영향력이 더욱 막강하다고 볼 수 있다. 이러한 경향은 기업에 새로운 도전일 수 있다. 이들의 라이프스타일은 디지털에 집중된 환경에서 또 다른 변화의 물결을 만들어내고 있음을 간과하지 말아야 한다.

그들이 멋모르는 애들이 아닌 이유

잘파 세대에 주목해야 하는 두 번째 이유는 이들이 우리의 예상을

Z 세대와 알파 세대 비교[2, 3]

	Z 세대	알파 세대
출생 연도	1995~2009년	2010~2024년
나이(2023 기준)	14~28세	13세 이하
부모	X 세대	밀레니얼
시대 속 소비문화의 대표	테슬라, 스포티파이, 스쿠터	• 챗봇, 리얼타임 자율주행, 피젯 스피너, 스마트 스피커 • 20세기 문화 경험 없음
생활 환경의 공통점 & 특색	95%가 12세부터 스마트폰 사용	스마트폰, 기술과 소셜 미디어, AR/VR이 생활의 메인
	아이폰(2007), 스포티파이(2008), 우버(2009), 아이패드(2010), 인스타그램(2010), 구글글래스(2014), 포트나이트(2017), 틱톡(2018) '속'에서 자람	
특징짓는 키워드	독립적이지만 커뮤니티를 중요하게 생각함	• 글로벌, 디지털, 소셜, 모바일, 비주얼 • 이전 세대보다 훨씬 짧은 주의력(일명 3초 세대)
직업관	• 사이드 허슬, 긱 이코노미의 본격적인 사용자이자 서비스 제공자 • 인생 전체 기간 중 평균적으로 18곳의 직장, 여섯 가지 커리어를 거칠 것으로 전망되는 세대	• 커리어의 시작과 은퇴의 개념을 근본적으로 바꿀 세대 • 아이 때부터 마인크래프트, 로블록스 등 가상세계에서 쇼핑/수익 창출까지 진행하는 세대로, 자신이 좋아하는 일을 적극적으로 찾고 배우며 커리어로 발전시키는 세대
쇼핑	리세일 마켓의 주요 사용자, #y2k, 캠코더, 플립 전화기, 어그 부츠 등 노스탤지어 관련 상품/경험 선호	밀레니얼 부모의 영향을 받으며 쇼핑하지만, 부모의 쇼핑 결정에도 큰 영향을 미침
디지털 경험	• 부모인 밀레니얼 세대보다는 실물을 선호	• 디지털이 생활의 기본이지만 오프라인 채널 또한 중요한 소통 채널

뛰어넘는 '의외성'을 지니고 있기 때문이다. 기성세대에게 표준인 것들이 이들에게는 더 이상 표준이 아니다. 이들은 일상에서, 학교에서, 온라인 상에서 새로운 기준, 즉 뉴노멀을 만들어가고 있는 중이다. 잘파 세대에게 구글은 더 이상 1위 검색엔진이 아니다. 이들은 틱톡에서 검색하고 쇼핑을 하는 등 디지털 소비를 새롭게 변화시키고 있다. 무언가를 배울 때도 틱톡에서 튜토리얼을 찾고, 틱톡에서 검색하는 것이 일상이다. 특히 알파 세대는 우리가 '어리다'고 예상하는 이미지와 달리 의외로 성숙한 면모를 보여주기도 한다. 31쪽 하단의 그래프를 보면 지난 팬데믹 기간 로블록스 게임에 몰두하는 한편 온라인으로 친구와 대화하거나 비디오게임을 하면서 보내는 시간은 줄었다는 것이 독특한데, 이는 디지털 환경에 둘러싸여 자란 세대지만 친구들과 직접 만나는 등 오프라인 활동을 추구한다는 것을 보여준다.

　나이는 어릴지 몰라도 충분한 영양을 섭취하고 첨단 기술이 둘러싼 환경에서 자란 덕에 신체적, 정신적 발달 속도가 이전 세대보다 훨씬 빠르다. 그래서 업에이징 upaging=up+aging 세대라고도 불린다. 어린아이지만 일반적으로 생각하는 아이의 전형에서 벗어나 좀 더 성숙한 외형을 가진 것이 특징이다.

　게다가 알파 세대는 인종적·문화적 다양성이 가장 높은 세대다. 이는 이들의 형제자매(Z 세대), 그리고 부모인 밀레니얼 세대에게까지 영향을 미친다. 이들의 성장 배경(21세기)은 이전 세대와 현격히 다르지만 알파 세대 내에서도 다양성이 크다. 미국의 경우 알파 세대 중 히스

미국 세대별 인구 구성

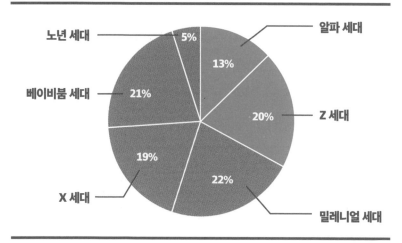

출처 _이마케터(2023년 1월)

알파 세대의 주말 활동(8~15세)

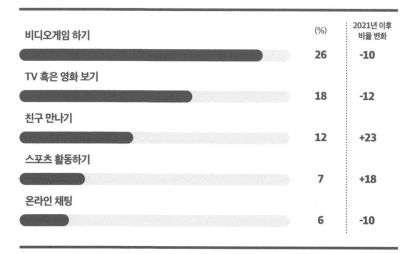

	(%)	2021년 이후 비율 변화
비디오게임 하기	26	-10
TV 혹은 영화 보기	18	-12
친구 만나기	12	+23
스포츠 활동하기	7	+18
온라인 채팅	6	-10

출처_GWI(2023년 6월)

패닉계가 차지하는 비율이 26%로, 전체 미국 인구에서 차지하는 비중 18.9%에 비해 훨씬 높다.[4] 그리고 알파 세대 중 7%가 혼혈이다. 이런 인구 구성은 이전에 존재한 적이 없는 다양성이 내재되어 있음을 보여준다. 즉 알파 세대를 분석할 때 우리가 지니고 있던 '아이'와 '10대 청소년'에 대한 선입견을 버려야 한다는 의미다.

알파 세대뿐 아니라 Z 세대에 관한 인식도 바꿀 시점이다. Z 세대 역시 팬데믹을 거치며 진화했기 때문이다. 많은 마케터가 주목한 Z 세대의 대표적 특징 중 하나는 기업의 사회적 책임을 뜻하는 CSR Corporate Social Responsibility과 기업의 지속 가능성을 달성하기 위한 세 가지 핵심 요소인 ESG Environmental, Social, Governance(환경, 사회, 지배구조)고려하는 경향이 이전 세대보다 두드러진다는 것이었다. 그런데 최근 조사에서 그 차이가 줄어든 것으로 나타났다.[5]

Z 세대가 팬데믹을 겪으면서 기성세대와 유사해졌음을 시사하는 것일 수도 있다. 이러한 현상은 우리가 갖고 있는 세대에 대한 인식, 차이에 대한 관점을 다시 한번 정립해야 하는 시점이라는 이야기이기도 하다. 그런 측면에서 이 책에서는 잘파 세대에 대한 고정관념이 아니라 그들을 이해하는 단초를 제시하며, 특히 더욱더 세분화되는 초개인화 hyper-personalization 시대에 이들을 이해하는 데 더 많은 주의와 노력을 기울일 필요가 있다는 점을 다시 한번 강조한다.

일찍부터 경제관념에 눈뜬 자본주의 키즈

잘파 세대가 기업에 중요한 이유 세 번째는 나이에 비해 막강한 자본력을 갖추었기 때문이다. 이는 10대 시절부터 비즈니스와 수익 창출을 밀접하게 경험하며 자본주의 키즈로 자라난 결과이기도 하다. 유튜버, 스트리머 등 개인 콘텐츠 창작자로 활동하는 아동과 청소년이 많은데다 로블록스 같은 플랫폼에서 자신이 개발한 아이디어와 아이템으로 수익을 창출하고 창업을 통해 비즈니스에 직접 관여하는 숫자가 늘어가고 있다.

전 세계 3대 어린이 유튜브 중 하나인 '키즈 다이애나 쇼Kids Diana Show'가 대표적인 예다. 구독자가 1억 명이 넘는 이 채널은 다이애나가 한 살 때 유모차에 앉아 있는 영상을 부모가 찍어 올리며 시작된 채널이다. 지금은 가장 큰 키즈 브이로그 채널로 성장하여 브이로그뿐 아니라 교육용 콘텐츠, 역할 놀이, 노래 경연 등 다양한 콘텐츠를 선보이고 있다. 현재 아홉 살이 된 다이애나는 1억 명의 구독자를 보유한 가장 영향력 있는 알파 세대로 꼽힌다. 한편 장난감을 소개하는 유튜브 채널 '라이언즈 월드Ryan's World'를 운영하는 라이언 카지Ryan Kaji는 3,000만 명의 구독자를 보유하고 있는데, 아홉 살의 나이로 연간 3,000만 달러(약 390억 원) 이상의 수익을 얻는다.[6]

이렇게 일찍부터 경제활동을 시작한 잘파 세대가 돈을 바라보는 시각은 디지털 중심이라는 것이 특징이다. 특히 알파 세대는 종이돈과 물

알파 세대 크리에이터 다이애나와 라이언.

리적 지갑 중심의 경제 생활에서 벗어나 '디지털 지갑만 사용하는digital wallet only' 생활을 영위할 것이다. 이미 많은 기업이 잘파 소비자를 겨냥한 서비스를 론칭하면서 일찍부터 소비자의 로열티를 구축하고 있다.

우버와 벤모, 그린라이트Greenlight 같은 기업은 13~19세 소비자가 저축은 물론, 증권 거래까지 할 수 있는 서비스를 제공한다. 아마존도 13~17세가 쇼핑할 수 있는 '틴 로그인Teen Login' 기능을 제공해 10대 소비자도 아마존 멤버십 서비스인 아마존 프라임을 이용할 수 있다. 이 외에도 자체 브랜드PB, 프라임 게이밍과 음악, 비디오 콘텐츠 등 다양한 경험을 제공해 잘파 세대를 충성 고객으로 전환하는 중이다. 물론 금융 서비스와 쇼핑 서비스 계좌는 부모의 계좌에 연동되어 있기 때문

경제활동이 빠른 알파 세대를 겨냥한 아마존 틴 로그인(왼쪽)과 토스뱅크 유스카드(오른쪽).

에 부모가 내역을 확인할 수 있다. 한국에서는 금융 서비스를 제공하는 토스뱅크Toss Bank가 초등학교 1학년, 즉 여덟 살부터 사용 가능한 충전식 유스카드를 출시했는데, 누적 발급량이 100만 장을 넘었다.

기업들은 잘파 세대를 겨냥하기 위한 브랜드와 상품 라인을 개발하는 데도 한창 열을 올리고 있다. 아디다스는 50여 년 역사상 처음으로 새 브랜드, 아디다스 스포츠웨어Adidas Sportswear를 론칭해 잘파 세대에게 어필한다. 2023년 2월 첫선을 보인 아디다스 스포츠웨어는 트랙슈트와 신발, 드레스, 저지 셔츠, 재킷 등 일상복이지만 운동복 같은 편안함을 주는 패션을 콘셉트로 한다. 다양한 컬래버레이션이 눈에 띄는데, 넷플릭스 〈웬즈데이Wednesday〉 시리즈에서 주연을 맡은 20세 스타 제나 오르

아디다스가 50년 만에 론칭한 브랜드 아디다스 스포츠웨어.

테가^{Jenna Ortega}, 31세 손흥민, 20세 호주 축구 선수 메리 파울러^{Mary Fowler} 등 낮은 연령대의 셀러브리티와 협업하는 것도 잘파 세대에게 어필하기 위해서다.[7]

한편 잘파 세대에게 본격적으로 비즈니스의 기회를 열어준 기업도 있다. 전자상거래 기업 쇼피파이^{Shopify}는 18세 미만의 아동·청소년에게 판매 계정을 오픈했다. 18세 이상의 공동 서명인^{co-signer}만 있으면 상품 판매자가 재고를 보유하지 않고 주문을 처리할 수 있는 '드랍쉬핑^{dropshipping}' 계정을 부여해준다. 이 덕분에 자수성가한 20대로 유명한 유튜버 조던 웰치^{Jordan Welch}는 드랍쉬핑을 이용해 돈을 번 과정을 공유하며 인기를 끌기도 했다. 또 쇼피파이는 10대들에게 기업가정신을 적극 장려하기 위해 다음과 같은 11가지 창업 아이디어를 제공하는 한편 실제 비즈니스로 연결할 수 있는 가이드라인을 제시한다.[8]

- 베이비시터 서비스
- 더 어린 아이들을 위한 개인교습(수학, 음악 등)
- 주문 제작 티셔츠, 물병 등 상품 판매
- 세차, 잔디 깎기 등 이웃 도움 서비스
- 온라인 크리에이터 되기&관련 상품 판매
- 핸드메이드 상품 판매
- 반려동물 케어 서비스
- 청소년 팝업 마켓 주최

- 유튜브 리뷰 및 언박싱 영상 제작
- 더 어린 아이들을 위한 여름 캠프 운영
- 웹사이트/온라인 사이트 디자인

AI를 적용한 놀이·교육·쇼핑 플랫폼과 챗GPT 등 최첨단 환경에서 자란 알파 세대는 AI 비서를 친구나 유모처럼 이용하는 경우도 늘어났다. 이들은 태어날 때부터 AI와 함께 생활하며 친밀감이 높아졌기 때문에 AI 없이 생활하는 것을 오히려 어색하게 느낄지도 모른다. 키즈용품 전문 브랜드 키드크래프트KidKraft의 경우 이를 겨냥해 아마존의 인공지능 비서인 알렉사가 호환되는 장난감 세트를 판매하는데, 알렉사와 함께 요리와 쇼핑을 하며 경제관념을 기를 수 있다.

수년 내 베이비붐 세대를 인구수로 앞지를 역대급 규모와 탄탄한 자본력, 디지털 영향력으로 소비 시장의 판도를 뒤흔들 잘파 세대가 오고 있다. 이미 아마존, 쇼피파이 등 주요 리테일업계에서는 이들을 공략할 시장을 개척하고 있으며 최근 1분 내외의 숏폼 영상이 급부상하는 것이나 티피코시, 아식스, 리복 등을 중심으로 한 레트로 패션 브랜드가 급부상하는 것도 잘파의 특성을 공략한 것이다.

알파 세대는 아직 기업의 메인 소비자는 아니지만 2000년대를 경험하지 않은 알파 세대가 성인이 되면서 생겨날 소비 트렌드의 변화는 지금부터 시작되고 있다. AR/VR과 메타버스도 알파 세대를 중심으로 대중화될 것으로 보인다. 기술의 발전도 중요한 역할을 하겠지만 알파 세

아이가 아마존의 인공지능 비서 알렉사와 대화하며 경제관념을 기를 수 있는 키드크래프트의 제품.

대가 이미 그 문화에 익숙하고 깊숙이 관여하고 있기 때문이다. 물론 향후 어떠한 동시대적 경험을 하느냐에 따라 변화가 있을 수 있다. 그렇지만 미래의 주요 고객인 잘파가 열광하는 트렌드를 분석하는 일은 글로벌 위기를 마주한 기업이 새로운 비즈니스 기회를 발견할 수 있는 중요한 첫걸음이 될 것이다.

SUMMARY ←

1 Z 세대와 알파 세대는 디지털 기기와 함께 성장했으며 온라인상에서 사회적 이슈에 대해 적극적으로 의사를 표현한다는 공통점이 있다.

2 잘파 세대는 2025년 인구수로 베이비붐 세대를 추월하며 역사상 가장 규모가 큰 집단이 된다.

3 잘파 세대는 디지털 환경에서 자랐지만 오프라인 활동과 인간적인 연결을 추구한다.

4 어린 시절부터 주식, NFT 등을 경험하며 자란 잘파 세대는 경제관념이 투철하다.

2장

알고리즘에 반기를 든
세대의 등장

#날추적하지마세요 #안티알고리즘

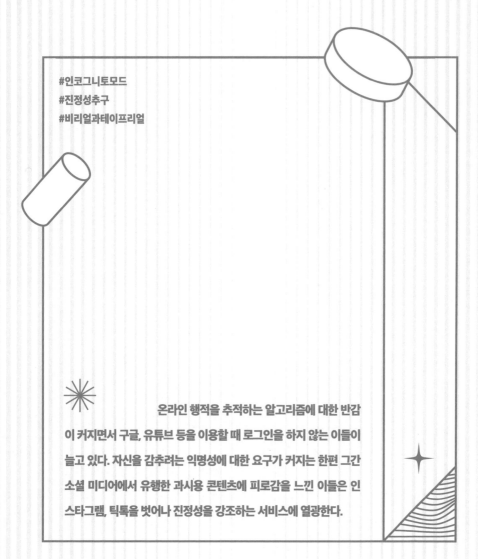

#인코그니토모드
#진정성추구
#비리얼과테이프리얼

온라인 행적을 추적하는 알고리즘에 대한 반감
이 커지면서 구글, 유튜브 등을 이용할 때 로그인을 하지 않는 이들이
늘고 있다. 자신을 감추려는 익명성에 대한 요구가 커지는 한편 그간
소셜 미디어에서 유행한 과시용 콘텐츠에 피로감을 느낀 이들은 인
스타그램, 틱톡을 벗어나 진정성을 강조하는 서비스에 열광한다.

친구와 대화를 나누다 뭔가 사고 싶다고 말하거나 인터넷에서 특정 상품을 검색하고 난 뒤부터 스마트폰에 관련 상품 광고가 속속 나타나는 경험, 누구나 한 번쯤 해본 적 있을 것이다. 온라인 커뮤니티에서 46쪽의 '짤'이 유행할 정도로, 우리의 행동과 말이 누군가에게 감사당하는 듯한 느낌은 많은 이들이 공감하는 감정일 것이다.

이런 상황이 반복되자 미국에서는 '시크릿 모드'를 사용하는 이들이 늘고 있다. 이는 사용자가 웹 서핑을 할 때 신분과 행적을 추적할 수 있는 소스인 쿠키cookies를 제공하지 않는 기능인데 대표적으로 구글의 인코그니토 모드incognito mode, 사파리의 프라이빗 브라우징private browsing 모드가 있다. 인코그니토란 '익명'을 의미하며 인터넷상에서 자신의 정보가 노출되는 것을 원치 않는 잘파 세대의 트렌드가 반영된 단어이기도 하다.

필자는 비행기 티켓을 알아볼 때 같은 일정을 반복해서 검색해야 하는 경우 구글의 인코그니토 모드를 활용한다. 동일한 일정을 반복해서 검색하고 그 기록이 남으면 해당 노선의 가격이 오르기 때문이다.

WHEN YOU TALK TO SOMEONE ABOUT BUYING SOMETHING.

우리는 자신의 말과 행동을 누가 듣고 있는 것 같은 시대에 살고 있다.

A 브랜드 사이트를 방문하고 난 후 B 사이트를 방문했을 때 A 브랜드 상품 광고가 나타나는 이유는 개인의 디지털 활동 정보가 쿠키로 추적되기 때문이다. 검색엔진의 시크릿 모드는 개인의 디지털 활동 정보를 이용해 '이 소비자는 이 상품에 관심이 많다'는 것을 파악하고 미세하게 가격을 올리는 것을 피하기 위한 수단이다.[1]

미국에서는 시크릿 모드가 대중화되는 추세다. 특히 잘파 세대는 이러한 추세의 선봉에 서 있다. 많은 소비자가 시크릿 모드를 사용하고 있고 향후에도 사용하고자 하는 의향을 보인다. 미국에서 500여 명의 18~39세 소비자를 대상으로 조사해보니 43%가 검색할 때 구글의 인코그니토 모드를 사용하고 있었다. 46%는 사용하지 않지만 84%가 인코

그니토 모드 같은 프라이빗 검색엔진으로 옮겨 갈 것을 고려한다고 답했다.[2]

알고리즘, 양날의 검

시크릿 모드를 사용하는 근본적 이유는 디지털 환경에서 자신의 행적이 추적될(혹은 추적될 수 있는) 가능성을 차단하기 위함이다. 오프라인과 달리 디지털 영역에서는 개인이 방문하는 웹사이트, 클릭 수, 특정 사이트와 상품 페이지에 머무는 시간, 장바구니 담기 여부, 구매 여부까지 모든 행적을 추적할 수 있다. 가령 소비자가 여름 샌들을 검색하고 나면 바로 다음 화면부터 여름 샌들 상품을 줄줄이 노출시키는 것은 이미 일반화된 기술이다.

그러나 이를 통한 광고로 매출을 높이는 메타(구 페이스북)나 구글이 소비자의 행동과 말을 추적하기 위한 노력을 다각도로 펼치면서 소비자의 사생활을 침해할 가능성이 커졌다. 그러자 2021년 4월 애플이 아이폰에서 소비자 행적 추적을 방지하는 쪽으로 정책을 바꾸었는데, 이후 1년 동안 4개 테크 기업(페이스북, 스냅챗, 트위터, 핀터레스트)의 피해는 무려 3,150억 달러(약 419조 원)에 이른다.[3]

그럼에도 여전히 다양한 방법으로 소비자의 행적을 추적하는 이유는 소비자의 행적 정보가 상품과 콘텐츠를 추천하거나 적절한 가격을 책정하기 위한 알고리즘 생성에 가장 중요한 역할을 하는 자원이기 때문이다. 알고리즘은 머신러닝^{ML} 기술로 엄청난 양의 데이터를 이용해 예측 모델을 만들고, 데이터가 모이며 모델의 정교함을 높이는 총체적 프로세스를 말한다.[4]

여기서 질문을 해보겠다. 알고리즘은 좋은 것일까, 나쁜 것일까. 답은 '둘 다'라고 할 수 있다. 소비자 입장에서 알고리즘을 통해 편의성을 누릴 수 있다. 아마존과 쿠팡 같은 커머스, 페이스북·인스타그램·틱톡·유튜브 같은 소셜 미디어와 뉴스 포털 같은 수많은 디지털 서비스는 개인 활동 히스토리와 선호도를 반영한 알고리즘 기반의 콘텐츠를 노출하고 상품을 추천한다. 덕분에 소비자는 굳이 여기저기 찾아다니지 않아도 관심을 가질 만한 상품과 콘텐츠, 뉴스를 손쉽게 볼 수 있다. 또 소비자는 알고리즘에 기반해 '취향의 확장'을 경험하기도 한다. 유튜브, 멜론이나 스포티파이 같은 서비스를 이용하다 보면 자신의 취향에 맞지만 평소에 알지 못했던 새로운 뮤지션이나 노래를 추천받을 수도 있다. 예상치 못한 경험을 확장시켜 준다는 점에서 일종의 새롭고 즐거운 발견을 제공하는 것이다.

소셜 미디어에서는 사용자들에게 새로운 브랜드와 상품을 노출해 구매를 장려하는데, 특히 잘파 세대에게 유효한 전략이다. 2022년 조사에 따르면[5] 18~29세 중 40% 이상이 인플루언서를 통해 상품을 구매했다. 젊은 여성의 경우 그 비율이 거의 50%에 달해 다른 세대보다 확연히 높다. 알파 세대도 소셜 미디어가 구매 결정에 영향을 미친다고 답한 비율이 25%로 친구(28%)보다 낮지만, 가족(21%)보다 더 큰 영향력을 발휘하는 것으로 보인다. 특히 소셜 미디어가 미치는 영향이 13~16세(46%)보다 10~12세(61%)가 더 크다는 점에서 쇼핑에 미치는 영향은 어릴수록 더 크다는 사실을 알 수 있다.[6]

틱톡에서는 '#틱톡은내가이걸사게만들었어TikTokMadeMeBuyIt'라는 해시태그가 유행하기도 했다. 유상으로 제공받은 광고 제품이 아닌 경우

연령별 소셜 미디어가 미국인의 쇼핑에 미치는 영향력

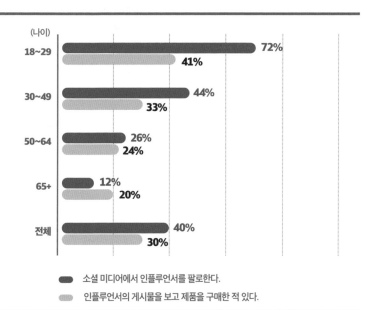

출처_퓨 리서치 센터(2022년 11월)

'내돈내산(내 돈 내고 내가 산 제품)'임을 강조하는 것처럼 틱톡에서 보고 구매한 제품을 인증하는 것이 트렌드가 된 것이다. 로레알은 그 기회를 놓치지 않고 해당 해시태그 캠페인을 론칭하기도 했다. 그 정도로 많은 잘파 세대가 소셜 미디어와 인플루언서를 통해 상품을 접하고 이것이 구매까지 이어진다. 이것이 가능한 이유는? 바로 틱톡 알고리즘 덕분이다.

기업은 알고리즘을 이용해 취향이 유사한 타깃층을 한데 묶어 보다 효율적으로 상품과 서비스를 노출한다. 페이스북, 핀터레스트, 링크드인, 트위터, 인스타그램 등 다양한 소셜 미디어도 알고리즘에 기반해 개인이 관심을 가지는 것으로 판단되는, 혹은 관심 있어 할 만한 콘텐츠를 노출한다. 리테일에서도 검색어를 통한 상품 및 서비스 노출, 이미지 검색, 소비자의 취향을 반영한 콘텐츠 노출과 상품 추천 등 광범위한 영역에 알고리즘을 적용한다. 개인의 성향이 반영되기 때문에 기업 입장에서는 소비자 관여도와 구매 가능성을 높일 수 있고, 자사 상품이나 서비스를 한번 이용하면 계속 이용하게 되는 록인 효과$^{lock-in}$ ^{effect}를 이끌어내는 데도 효과적이다.

기술적 디스토피아가 도래하다

2022년 12월 틱톡의 모회사 바이트댄스^{ByteDance} 직원이 바이트댄스가 데이터를 이용해 콘텐츠 노출에 개입했다는 사실을 폭로했다. 2020년

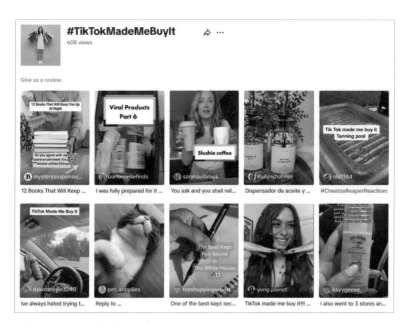

#TikTokMadeMeBuyIt을 담은 포스팅.

#TikTokMadeMeBuyIt이 트렌드가 되자 로레알은 2022년 관련 해시태그 캠페인을 론칭했다.

미국에서 엄청난 이슈였던 BLM^{Black Lives Matter}(흑인에 대한 편견과 탄압에 대항하는 사회운동)과 관련된 포스팅은 억제하기도 했고, 사용자의 위치 데이터를 이용해 콘텐츠 노출에 관여해왔다는 점이 여실히 드러났다. 알고리즘에 기반한 비즈니스와 서비스가 우리 생활 전반으로 확장되면서 이에 대한 반감과 불안감이 커질 수밖에 없는 이유다.

또 최근 가장 뜨거운 감자는 틱톡의 '히팅^{heating}'이다. 히팅이란 비디오 뷰가 특정 숫자에 도달할 때까지 사용자들에게 퍼뜨릴 수 있는 틱톡의 비밀 부스트 기능이다. 이 기능을 이용해 틱톡이 자신들과 비즈니스 파트너십을 맺고 있거나 홍보할 필요성이 있는 콘텐츠의 순위를 조작했다는 사실이 알려진 것이다. 이 때문에 틱톡에 대한 콘텐츠 크리에이터와 일반 사용자의 신뢰도 대폭 낮아졌다.[7] 개인 정보 유출 문제로 미국 일부 대학과 정부에서 틱톡 앱을 금지했고, 최근에는 모든 정부 기관에서 틱톡 앱 사용을 금지하는 연방법이 통과되기도 했다. 그러나 이러한 규제가 틱톡의 인기에 미치는 영향은 미미한 데다 틱톡이 특히 10대에게 인기가 가장 높다는 점에서 우려가 크다.

물론 이는 틱톡만의 문제는 아니다. 잘 알려졌듯 페이스북은 정치적인 편견을 조장한다는 이유로 마크 저커버그가 법정에 소환되는 등 알고리즘 오용의 불명예를 안기도 했다. 인테그럴 애드 사이언스^{IAS,} ^{Integral Ad Science}의 2023년 산업 보고서에 따르면, 2022년 조사에 참여한 소셜 미디어 전문가 중 65%가 페이스북에서 진행하는 광고 비용을 조절할 것이라 답했고, 2023년에도 49%가 그럴 것이라는 의사를 표명했

다. 페이스북에 대한 소비자 신뢰 하락이 그 이유였다.[8]

인스타그램, 트위터, 유튜브 등도 이런 문제에서 결코 자유롭지 않다. 이렇게 소셜 미디어 플랫폼 회사가 콘텐츠에 대한 감시를 알고리즘에 접목해 사용자들의 인식에 영향을 준다는 우려가 존재하고, 그 우려가 현실화되면서 알고리즘에 대한 반감이 점차 커지고 있다.

2023년 초 전 세계를 강타한 챗GPT 역시 찬반 논란을 촉발했다. 이미 엄청난 관심을 받은 최첨단 생성형 AI^Generative AI^ 챗봇 챗GPT는 방대한 양의 데이터를 학습한 딥러닝 기반의 언어 모델로 작동한다. 챗GPT는 사용자가 입력한 음성, 텍스트, 이미지 등을 인식한 후 스스로 무언가를 만들어낸다. 론칭한 지 5일 만에 사용자 100만 명을 확보했고, 마이크로소프트는 챗GPT를 만든 회사인 오픈AI에 투자하는 한편, 챗GPT를 검색엔진 빙^Bing^에 접목했다. 이에 구글은 구글의 생성형 AI를 접목한 바드^Bard^를 론칭하는 등 2023년 초 2~3개월 만에 엄청난 반향이 일었다.

챗GPT의 급격한 확산과 이를 둘러싼 우려가 심화되며 일론 머스크를 포함한 수백 명의 전문가가 AI 개발을 당분간 멈춰달라고 요청하기까지 했다. 여기서 한번 생각해보자. 과거 기술이 발전하면서 기술 전문가들이 기술 개발을 잠시라도 중단해달라고 요청한 적이 있었던가? 이는 기술이 사람을 보조한다기보다 사람보다 앞서나가는 것은 물론, 부정적 영향을 미칠 수 있다는 심각한 우려 때문이다. 혜택보다 피해가 더 클 수 있다는 것이다.

우선 챗GPT가 제공하는 콘텐츠 가운데 대부분이 출처가 불분명하다는 점이 문제가 된다. 저작권 문제가 발생할 여지가 매우 크기 때문이다. 또 챗GPT가 제공하는 답변이 겉으로는 그럴싸해 보이지만 부정확한 정보를 제공하는 경우도 많아 일종의 '허위 정보 생성hallucination(환상)'도 문제로 지적된다. 미국에서는 학생들이 챗GPT를 이용해 에세이를 쓰는 것이 가능하다 보니 챗GPT를 선보이자마자 교육계에서 교육에 미치는 악영향과 청소년의 창의성 저하에 대한 우려를 표명하며 대책을 마련하는 중이다. 콘텐츠 산업에서 2년 안에 80%의 콘텐츠가 AI로 생성될 것이라는 전망이 나올 만큼 아주 쉽게 콘텐츠를 만들 수 있지만, 출처가 불분명한 콘텐츠가 남발될 우려도 함께 커지고 있다.

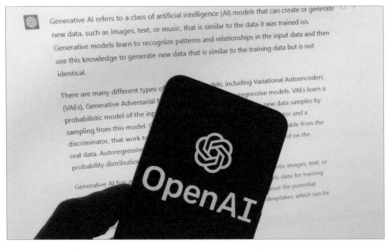

일론 머스크를 포함한 AI 전문가들이 챗GPT로 촉발된 AI 개발 경주를 멈춰달라고 요청했다.

확증 편향, 양극화, 미적 감각의 하락

알고리즘의 또 다른 문제로는 확증 편향 강화와 이로 인한 양극화가 있다. 사용자가 관심을 갖거나 관심을 가질 만한 주제에 대한 노출이 늘어나면서 자신만의 신념과 생각이 더욱 강화될 수 있다. 유튜브는 우리가 원하는 내용을 노출하는 것처럼 보이지만 사실 이는 알고리즘을 통해 선택적으로 선정된 결과물이다. 선택된 범위 내에서 노출되는 매우 제한적인 콘텐츠지만 우리는 직접 선택했다고 착각한 채 콘텐츠를 소비하면서 점점 더 편향된 콘텐츠를 접하게 된다. 이 상태가 지속되면 균형 있는 시각을 가지기 어려워진다. 이 사실을 개인이 알아채는 것은 구조적으로 매우 어렵다는 것도 문제로 지적된다.

더욱 큰 문제는 알고리즘이 사용자의 취향을 좀 더 자극적이고 표면적이며 감각적으로 만든다는 점이다. 틱톡의 경우 플랫폼 내 중독적 콘텐츠가 개인의 콘텐츠 소비 문화를 장악한 것에 대한 우려도 늘어났다. 한 예로 멕시코의 배우 카롤리나 미란다Carolina Miranda는 2023년 1월 〈LA타임스〉 기사에서 틱톡이 만든 미학적 관점과 문화에 대해 다음과 같이 비평했다.[9]

- 첫째, 기존 미학적 관점과 대치되는 안티미학적 문화를 확산시킨다. 인스타그램이 멋진 프레임과 설명, 해시태그로 전시되는 데 비해 틱톡은 디자인적인 요소가 없다. 틱톡 로고도 거의 보이지 않고 비디오가 공유될

때만 잠깐 노출되는 등 미학에 대한 관점이 미흡하다는 것을 지적했다.

- 둘째, 포멀한 분위기가 아닌 인포멀informal한 분위기를 확장한다. 형식에 얽매이지 않고 캐주얼하지만 형식과 예의는 거의 고려하지 않은 방식으로 하고 싶은 말을 있는 그대로 노출하는 점을 지적하며 침대에서 찍는 틱톡 비디오가 많은 것을 예로 꼽았다.
- 셋째, 틱톡 사용자는 사람들을 팔로하는 것이라기보다 알고리즘을 팔로하는 것이다. 처음에는 랜덤 콘텐츠가 노출되지만 시간이 지나고 콘텐츠 소비가 늘어날수록 알고리즘에 의해 노출되는 콘텐츠가 달라지며 우리는 그 안에서 소비하게 되는 것이라고 비평했다.

이러한 부정적 영향은 X 세대와 베이비붐 세대에게도 문제지만 잘파 세대처럼 가치관이 확립되어가는 과정에 있는, 혹은 확립되기 전 세대에게 더 큰 문제를 야기할 수 있다. 우리가 '선택하는' 것 같지만 알고리즘을 통해 좁아진 범위에서 옵션이 제공되는 것이기 때문이다. 이런 상황을 고려할 때 우리가 스스로 선호하는 것을 선택한 것처럼 생각되지만 오히려 알고리즘에 의해 우리의 선호도 역시 조작되고 있는 것은 아닌지 질문을 던져볼 시점이다.

어떤 정보가 노출되고 소비되느냐가 개인의 가치관과 신념에 영향을 줄 수 있고, 이런 영향은 어린 세대에게 상대적으로 더 큰 영향을 미치기 때문에 많은 이들이 우려를 표한다. 알고리즘이야말로 모호하기도 하고 그림자처럼 인간 옆에 존재하지만 '비인간적 존재'라는 평가가 나오는 이유다. 어떤 면에서는 첨단 기술로 유토피아를 지향하지만 기술 때문에 부정적 측면이 극단적으로 부각된 암울한 미래상, 즉 기술적 디스토피아technological dystopia를 맞이한 듯하다.

알고리즘을 거부하기 시작하다

유튜브 영상을 볼 때 일부러 로그인을 하지 않고 시청하는 이들이 늘고 있다. 취향으로 범벅된 알고리즘에서 벗어나 참신한 콘텐츠를 소비하고자 하는 욕구 때문이다. 이는 대중이 알고리즘의 양면성을 인식하게 되면서 알고리즘에 대한 반감이 커졌기 때문이다. 이를 '안티알고리즘' 경향이라 한다. 안티알고리즘은 주로 두 가지 양상으로 나타난다.

첫째, 디지털 영역에서 행동이 추적될 가능성을 스스로 차단하는 것이다. 예를 들어 앞서 언급한 것처럼 시크릿 모드를 사용하거나 구글 계정에 로그인하지 않고 사용하는 것이다. 또 인터넷 커뮤니티를 중심으로 화제가 된 '넷플릭스 이용 꿀팁' 중 이런 것이 있다. 넷플릭스 영화를 장르별로 검색할 수 있는 시크릿 코드를 공유한 것인데, 넷플릭스가 추천해주는 콘텐츠에서 벗어나 원하는 장르를 직접 선택하고 싶을 때 유용한 팁이다. 로맨틱 코미디 영화, 애니메이션, 공포 영화 등 분야별 시크릿 코드가 있어 가령 로맨틱 코미디를 검색하려면 시크릿 코드 '5475'를 붙여 'www.netflix.com/browse/genre/5475'로 검색하면

알고리즘에 영향을 받지 않는 검색 결과를 얻을 수 있다.[10]

다만 시크릿 모드 사용에 대해 세대와 개인에 따라 이를 의식하고 디지털 행동에 신경 쓰는 정도는 다르다. 앞서 언급한 것처럼 잘파 세대의 시크릿 모드 사용 비율이 높은 것은 이들이 특히 데이터에 대한 안전과 프라이버시에 대한 컨트롤을 중요하게 여긴다는 것으로 해석할 수 있다.[11]

둘째, 알고리즘을 역으로 조작하려는 시도가 늘어나고 있다. 유튜브나 넷플릭스를 볼 때 일부러 전혀 관심이 없는 콘텐츠를 시청하거나 시청과 검색 기록을 삭제하는 것이다. 새롭게 소비된 콘텐츠 때문에 알고리즘이 좀 더 균형 있게 수정될 수 있기 때문이다.

한국에서는 10~30대 자녀가 부모님의 알고리즘을 의도적으로 바꾸는 사례도 눈에 띈다. 가짜 뉴스로 물든 부모의 유튜브 알고리즘을 바꾸기 위해 여행이나 음식, 동물과 관련된 중립적 영상 채널을 구독하고 재생하는 것이다. 이를 '키즈 가드'에 빗대어 일명 '중년 가드' 또는 '실버 가드'라 부르기도 한다.[12] 2022년 6월에는 추천 알고리즘을 경계하며 콘텐츠를 소비하기 위한 〈안티알고리즘 뉴스레터〉도 등장했다. 이 뉴스레터를 만든 안티알고리즘클럽은 알고리즘에 대항함으로써 새로운 관점을 발견하는 등 '내가 몰랐던 나를 찾는다'는 목표로 개설된 클럽이다.[13]

또는 아예 소셜 미디어 계정을 학습, 게임, 음악 듣기용 등 여러 계정으로 나눠 관리해 목적에 맞게 알고리즘을 이용하는 움직임도 나타났다. 이러한 경향은 디지털 세대인 잘파 세대에서 좀 더 강하게 나타나는 것으로 보인다. 이렇듯 개인은 알고리즘에 대항하는 다양한 방식으로 안티알고리즘에 대한 관심을 표시하고 행동으로 실천하고 있다.[14]

'안티인스타'에 열광하는 이유

안티알고리즘의 흐름을 인지한 기업에서는 아예 알고리즘이 없는 소셜 미디어를 선보이고 있다. 한 예로 테이프리얼^{TapeReal}을 살펴보자. 테이프리얼은 2018년 캐나다에서 창업한 오디오·비디오 플랫폼으로 기존 소셜 미디어의 대안으로 탄생했다. 테이프리얼 창업자이자 CEO 알리 샤$^{Ali Shah}$는 알고리즘이 없고$^{algorithm-free}$, 필터가 없는$^{filter-free}$ 소셜 미디어를 지향한다고 밝혔다. 편견과 차별을 강화한다고 인식되는 기존 소셜 미디어의 대안으로 의미 있고 진정성 있는 인간관계와 사회 형성에 기여하고자 한다고 강조한다.[15]

테이프리얼 서비스는 이용할 때 화면 녹화를 허용하지 않기 때문에 창작자의 독창성을 보호하는 한편, 알고리즘과 도파민 자극에 기반한 사용자 보유^{retention} 전략에서 벗어나 알고리즘에서 자유로운 소셜 미디어 플랫폼을 지향한다. 이를 통해 지식과 예술, 창의성 등을 공유하는 인플루언서가 제작하는 콘텐츠의 진정성을 높이기 위해 크리에이터와 사용자 간의 좀 더 의미 있는 소통을 이끌어내는 데 집중한다.

테이프리얼이 창작자들에게 수익을 제공하는 방식은 다음과 같다. 창작물을 공유하는 이들에게는 자신들의 비디오 콘텐츠를 최대 2시간 동안 업로드할 수 있고, 이를 보고자 하는 사용자가 일정 금액을 내면 콘텐츠가 노출되는 방식으로 수익화를 진행할 수 있다. 사용자들에게 첫 20초는 무료로 보여준 후 사용자가 더 보고 싶으면 테이프리얼의 통화currency로 일정 금액을 지불하면 계속 볼 수 있게 하는 방식으로 수익을 창출한다.

알고리즘에 대한 반감과 함께 인스타그래머블(인스타그램에 올릴 만한) 콘텐츠에 대한 반감 역시 늘고 있다. 틱톡, 인스타그램 등에서 게시되는 '보여주기식' 콘텐츠보다 '진정성' 유무가 중요해지고 있는 것이다. 특히 10대 사이에서 형성되는 이러한 욕구를 반영해 크게 성공한 앱이 있다. '안티인스타그램'이라는 별명을 지닌 소셜 미디어 비리얼이다. 비리얼은 진정성을 강조하는 콘셉트를 내세워 '2022년 Z 세대가 가장 좋아하는 앱'에 등극하기도 했다.[16]

2019년 12월에 프랑스에서 론칭한 이 서비스는 하루에 한 번 무작위로 알림이 도착하면 2분 동안만 업로드하도록 되어 있다. 알림이 도착하는 순간의 모습을 올려야 하기 때문에 지금 나의 '자연스러운real' 모습을 그대로 게시할 수밖에 없다. '최고의 순간'을 기록하는 인스타그램과 크게 대비되는 부분이다. 물론 2분을 넘긴 후에 찍은 사진도 업로드할 수 있다. 하지만 얼마나 늦게 업로드되었는지 시간이 표시되고 재촬영 횟수도 노출된다. 진정성 있는 포스팅인지 아닌지가 여실히 드러

알고리즘 없는 소셜 미디어 테이프리얼(위)과 진정성을 강조하는 비리얼(아래).

나는 것이다. 프라이빗 모드를 제공해 피드 노출을 한정하는 것도 특징이다. 사용자의 친구들만 게시물을 보고 댓글을 달고, 이모지 대신 사용하는 '리얼모지(리얼과 이모지의 합성어)'로 감정을 표현할 수 있다. 공개적 노출을 원하는 경우에는 디스커버리Discovery 타임라인으로 게시물을 공개할 수 있다.

비리얼 측은 2분 동안만 업로드할 수 있지만 '2분'이라는 시간에 압박감을 느낄 필요는 없다고 설명한다. 진정한 소통을 추구하도록 시스

비리얼의 글로벌 앱 다운로드 추이

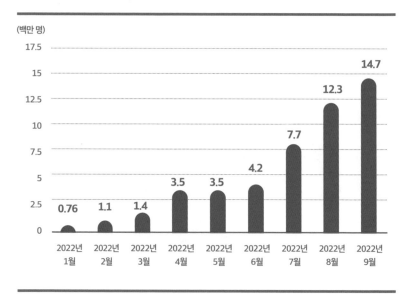

출처_센서 타워Sensor Tower(2022), 스태티스타

템을 만들었으나 그 자체가 또 하나의 굴레가 되는 것을 방지하고자 하는 것이다.

비리얼은 엄청난 반향을 불러일으켰다. 2022년 7~9월 2개월 동안 미국 iOS 앱 스토어에서 틱톡과 인스타그램을 제치고 1위를 기록했다. 2022년 1~9월 전 세계에서 무려 4,616만 번 이상 다운로드되었고, 2023년 1월 기준 일간 활성 사용자 1,000만 명으로 9개월 만에 29,200% 증가했다. 틱톡보다 더 가파른 성장세를 기록한 것이다.

소셜 미디어 트렌드 변천사

비리얼이 가파른 성장세를 보인 시점에 주목해 소셜 미디어의 의미를 재정의해볼 수 있다. 비리얼은 2019년 서비스를 시작했지만 실제 크게 성장한 것은 2022년이다. 왜 이 시점일까? 이를 이해하기 위해 잠깐 소셜 미디어의 트렌드를 살펴보겠다.

우선 개인적 삶을 기록하는 소셜 미디어를 라이프로깅life-logging 성격의 소셜 미디어라고 부른다. 삶life과 기록logging을 합한 말로, 일상생활을 디지털화해 기록한다는 뜻이다. 라이프로깅이 이뤄진 소셜 미디어의 시초로 한국의 싸이월드나 페이스북, 인스타그램을 들 수 있다. 초기 소셜 미디어를 돌이켜 보면 고급 레스토랑, 고급 호텔, 명품, 고급 자동차 등 부를 과시하는 트렌드가 주를 이뤘다.

이후 MZ 세대가 부상하면서 인스타그램에는 과시 트렌드도 있지만 좀 더 독특한 경험을 공유하고 싶은 욕구를 반영하는, 일명 인스타그래머블한 경험을 공유하는 것이 중요해졌다. 기업도 소비자가 사진을 찍어서 올릴 만한 곳을 따로 제공할 만큼 사진을 찍어 SNS에 공유하게끔 매장을 디자인하는 등 전력을 다하기도 했다.

그러다 틱톡이 2018년(중국 이외 국가로 진출한 시점) 15초 쇼츠 영상을 선보이면서 소셜 미디어의 또 다른 축으로 부상했다. 주의 집중력이 점점 더 짧아지는 사회현상을 반영해 15초 길이의 짧지만 자극적이고, 재미있지만 상대적으로 깊이가 얕은 콘텐츠가 주를 이뤘다. 특히 틱톡은 알고리즘에 기반한 일종의 '발견의 재미discovery-first'를 강조하는 전략으로 잘파 세대에게 콘텐츠뿐 아니라 상품을 어필하는 주요 채널이 되었다. 이러한 전략은 알고리즘에 기반한 개인화된 비디오 콘텐츠를 추천하는 데 적용된다. 그러면서 페이스북-인스타그램-틱톡을 아우르는 소셜 미디어 사용자는 타인의 생활을 제3자적 관점에서 관찰하고, 자신들도 비슷하게 트렌드를 따른다는 사실을 드러내기 위해 노력하게 된다. 즉 일종의 '더 나은 나를 보여주는better me self-presentation'것이 소셜 미디어 활동의 주목적이 되었다.

이러한 시각과 과시적 관점에 지친 사용자들이 이제는 좀 더 진정성 있는 소통을 원하게 된 것이다. 특히 2020~2021년은 코로나19로 인하여 디지털 활동에 매몰되다시피 한 기간이었다. 역설적이게도 이 시기 디지털과 알고리즘에 대한 우려 또한 확산되었다. 2020년 9월에 공개

된 넷플릭스 다큐멘터리〈소셜 딜레마Social Dilemma〉는 거대한 플랫폼 회사들이 어떻게 알고리즘으로 사용자를 중독시키는지 적나라하게 드러내 전 세계적으로 큰 반향을 불러일으켰다. 이 다큐멘터리는 소셜 미디어 사용 정도와 청소년 우울증의 상관관계, 디지털 알고리즘에 대한 부정적 인식, 필터와 편집과 알고리즘으로 인한 인위적인 노출 등을 두려울 정도로 솔직하게 보여주었다.

우리의 생각까지 꿰뚫어 보고 상품과 콘텐츠를 추천하는 알고리즘은 우리가 미디어에 몰입할수록 더 정교해지고 이는 다시 우리를 알고리즘 영역에 머물게 한다. 전문가들도 디지털 네이티브, 모바일 우선인 잘파 세대가 특히 소셜 미디어에서 노출되는 이상적이고 과시적인 모습 위주의 콘텐츠 때문에 자신의 신체와 삶에 부정적 감정을 느끼고 이것이 바디 이미지 훼손으로 이어지는 등 소셜 미디어의 알고리즘이 불러오는 현상에 우려를 표한다.[17] 그 결과 알고리즘에 대한 두려움이 커지는 반소셜 미디어anti-social media 움직임이 확대되고 있다. 이런 인식이 늘어나면서 많은 사람이 좀 더 진정성 있는 소통의 중요성을 인식하게 되었고, 진정성에 대한 요구가 커졌다.

또 소셜 미디어에서 맺은 관계에 회의를 느끼면서 진정성에 대한 갈망이 커진 영향도 있다. 소셜 미디어에서 맺은 관계는 유대감이 약한 관계다. 이를 학계에서는 '느슨한 연결weak tie'이라고 부른다. 페이스북, 인스타그램, 링크드인 등에서 맺는 관계는 끈끈하고 단단한 관계strong tie라기보다 건너 건너 아는 사이, 친구가 팔로하면 알고리즘으로 나에게도 친구 추천이 되어 관계를 맺는 정도인 경우가 많다. 온라인상에서는 소통을 하지만 오프라인에서 함께 밥을 먹거나 소통하지는 않는 굉장히 약한 관계인 것이다. 이런 관계에서는 깊이 있게 소통하기 어렵고 익명성을 기반으로 인신공격적인 말을 하는 경우도 많다. 물론 아닌 경우도 많다. 그렇지만 소셜 미디어에서 맺는 피상적이고 부정적인, 그리고 심한 경우 익명성에 기반한 가학적 소통에 회의감을 느끼는 사람이 늘었다. 여러 이유로 소셜 미디어와 플랫폼 기업에 서비스의 긍정적 역할에 대한 요구가 강해졌다고 볼 수 있다.

한편 코즈메틱 브랜드 러쉬LUSH는 소셜 미디어 플랫폼과 알고리즘이 소비자에게 미치는 부정적 영향을 인지하고 2021년 성명문을 통해 모든 SNS 활동을 중단한다고 밝혔다. 소셜 미디어에서 벌어지는 디지

모든 SNS 활동 중단을 선언한 러쉬.

털 폭력, 외모 지상주의, 불안과 우울 등 역기능을 비판하며 고객과 직접 관계를 맺고 고객의 목소리에 귀 기울이는 것을 목표로 하는 러쉬의 브랜드 철학을 지키기 위한 행보라고 설명했다.

안티알고리즘과 진정성을 비즈니스에 접목하라

비리얼과 테이프리얼의 부상은 안티알고리즘에 대한 잘파 세대의 욕구를 그대로 보여준다. 사람들 간의 가림막인 필터를 없애 진정성을 강조한 콘텐츠의 가치를 높이고 알고리즘에 기반한 정보 노출이 미치는 부정적 영향에서 벗어나고자 하는 시도를 담고 있다. 더 광범위한 시각에서 보면 소셜 미디어의 의미가 재정의되고 있음을 방증한다. 알고리즘과 과시적 소비conspicuous consumption에 반ᛞ하는 방향으로 말이다. 최상의 모습만 노출하고 싶은 욕망을 표현하는 채널의 역할이 주가 되는 흐름이 변화하고 있다.

이제 기업의 핵심 과업은 타깃 소비자에게 신뢰를 얻고 진정성 있는 소통을 할 수 있느냐 하는 것이다. 기업은 알고리즘의 부정적 영향에 대한 우려가 커지며 콘텐츠가 사용자에게 노출되는 방식에 대한 관심이 높아지는 것, 그리고 소셜 미디어가 재정의되며 이에 따른 서비스가 큰 인기를 끌고 있다는 점에 관심을 가져야 한다.

기업에서 사용자의 익명성, 즉 인코그니토와 안티알고리즘에 주목해야 하는 또 다른 이유는 소셜 미디어에서의 진정성에 대한 요구가 Z 세대에게 특히 중요하기 때문이다. 물론 알파 세대에게서도 그런 경향이 엿보인다. 비리얼의 주요 사용자는 Z 세대 여성으로 미국의 경우 사용자 중 66%가 18~24세 여성이고 오스트레일리아, 브라질, 독일, 영국 등 전 세계적으로도 16~25세 여성이 절대다수를 차지한다. 이러한 경향은 소셜 미디어의 부정적 영향에 자주 노출되는 Z 세대 중에서도 특히 15~30세 여성이 진정성과 안티알고리즘을 강조하는 소셜 미디어에 더 크게 공감하며, 이러한 방향으로 이동 중이라고 해석할 수 있다.

알파 세대 역시 그럴 가능성이 높다. 아직까지는 유튜브와 틱톡, 페이스북을 가장 많이 이용하지만(70쪽 그래프) 알파 세대가 게임 미디어 트위치보다 비리얼을 많이 사용하고 비리얼이 단기간에 폭발적으로 성장했다는 점에서 향후 관심을 가질 만한 부분이라 할 수 있다.

국가별 비리얼 IOS 앱 사용자

	오스트레일리아	브라질	프랑스	독일	영국	미국
성별						
여성	98.7%	98.2%	69.8%	93.9%	99.4%	58.0%
남성	1.3%	1.8%	30.3%	6.1%	0.6%	42.0%
나이						
16~25	90.7%	97.6%	82.5%	44.8%	72.6%	43.3%
26~44	2.1%	2.4%	16.4%	49.3%	23.6%	55.1%
45+	7.3%	0.1%	1.2%	5.9%	3.8%	1.9%

출처_ Data.ai., 이마케터(2022년 8월)

디지털 집중도가 높아지면서 '폴로FOLO, Fear of Logging Off'라는 신조어도 등장했다. 흐름을 놓쳐 혼자만 소외되는 것에 대한 두려움을 뜻하는 포모에서 한발 더 나아간 것으로, 로그인을 하면 수많은 나쁜 뉴스에 직면하는 것이 두렵지만, 그렇다고 로그인을 하지 않으면 중요한 트렌드에서 나만 소외되는 듯한 느낌이 들어 마음이 편하지 않은 것을 표현

미국 알파 세대가 사용하는 소셜 미디어 랭킹

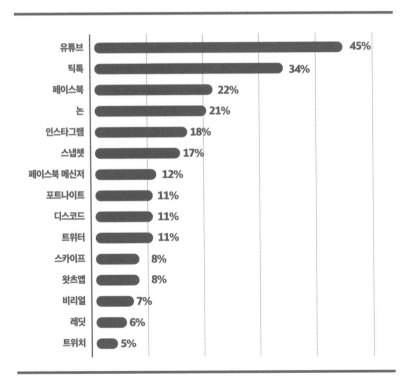

출처_YPulse(2023년 2월)

한다. 그만큼 소셜 미디어와 디지털 미디어를 사용할 때 사용자들의 불편감이 높아지고 있는데, 이는 알고리즘의 부정적 영향과 온라인상 겉핥기식 소통이 지배적이기 때문이라고 볼 수 있다. 이런 면에서 기업은 소셜 미디어가 세대나 사용자 특성과 상관없이 더욱 분화되어가고 있다는 것을 인식해야 한다. 마케터 입장에서는 좀 더 작은 커뮤니티 그룹을 중심으로 진정성 있는 커뮤니케이션을 하는 것이 중요한 과제다.

기업의 전략은 크게 세 가지 방향으로 생각해볼 수 있다.

첫째, 진정성과 안티알고리즘을 강조하는 새로운 비즈니스 모델을 론칭하는 것이다. 앞서 언급한 비리얼은 보여주기식의 과시용 콘텐츠보다 있는 그대로의 모습을 담아 진정성을 강조한 서비스다. 테이프리얼은 콘텐츠를 노출하는 방식에서는 안티알고리즘을, 콘텐츠를 포스팅하는 방식에서는 필터를 없애 진정성을 보여준 서비스다. 만약 기업 환경상 가능하다면 고객에게 알고리즘에서 벗어나 콘텐츠를 노출함으로써 신선함을 줄 수 있다는 사실을 기억하자. 가식 없는 모습과 깊이 있는 소통을 강조하는 새로운 서비스를 고려하는 것도 장기적 관점에서 중요한 전략이 될 수 있다.

둘째, 진정성이나 안티알고리즘을 포함하는 기능을 선보이는 것도 방법이다. 틱톡과 인스타그램의 사례를 살펴보자. 비리얼의 급격한 성장은 틱톡과 인스타그램 등 기존 소셜 미디어의 비즈니스 모델에 큰 영향을 주었다. 비리얼의 주요 기능이 틱톡과 인스타그램에도 추가되었기 때문이다. 틱톡은 2022년 9월 틱톡 나우TikTok Now를, 인스타그램은

'캔디드 챌린지Candid Challenges'를 개발했는데, 비리얼의 인기를 의식한 것으로 분석된다. 틱톡 나우란 틱톡 사용자와 친구들이 전·후면 카메라로 녹화할 수 있도록 기능을 개선한 것으로, 매일 틱톡 알림을 받으면 자신들이 그 순간 무엇을 하고 있는지 10초 분량의 비디오 혹은 사진으로 공유하는 기능이다. 틱톡이 틱톡 나우를 소개할 때 가장 눈에 띈 단어도 진정성이다.[18]

인스타그램의 캔디드 챌린지도 비슷한 유형의 서비스다. 스냅챗 역시 전·후면과 듀얼 카메라를 이용해 사진 속 사진 스타일로, 혹은 가로와 세로 화면 분할 버전으로 포스팅하는 기능을 제공하기 시작했다. 이런 시도는 비리얼이나 테이프리얼처럼 비즈니스 모델 자체가 진정성과 안티알고리즘을 겨냥한 것은 아니지만, 그러한 특성을 담기 위한 노

비리얼을 의식하여 출시된 틱톡의 틱톡 나우와 인스타그램의 캔디드 챌린지 기능.

력을 기울임으로써 사용자에게 좀 더 긍정적인 인식을 심어줄 수 있다. 다만 이들의 사용자 인터페이스^{UI}가 비리얼처럼 편하지 않다는 시각도 존재한다.

셋째, 진정성과 안티알고리즘을 강조하는 서비스와 협업해볼 수도 있다. 진정성 있는 업체와 협업하는 것만으로도 고객에게는 긍정적인 이미지를 줄 수 있기 때문이다.

샌드위치 프랜차이즈 서브웨이의 시스템을 멕시칸 음식에 적용한 치폴레는 연 매출이 86억 달러(약 11조 원)[19]에 이르는 대표적인 멕시칸 레스토랑이다. 2022년 4월 업계에서 가장 먼저 비리얼과 협업했는데, 비리얼 앱 내에 '진실·현실을 위해서^{FORREAL}'라는 프로모션 코드를 포스팅하며 이 코드를 치폴레 앱에서 사용하는 선착순 100명에게 주문 메뉴를 무료로 제공하는 행사였다. 간단해 보이지만, 치폴레에 따르면 포스팅 후 30분 안에 프로모션이 마감될 정도로 인기가 높았고 비리얼에서 팔로어 수도 늘었다고 한다.[20]

멕시칸 레스토랑과 진정성을 추구하는 비리얼이 무슨 관계인가 하는 의문이 들 수도 있겠다. 하지만 치폴레는 일찍부터 음식 재료와 운영의 투명성을 강조해온 기업이다. 2021년 슈퍼볼에서 '브리또가 세상을 바꿀 수 있을까?^{Can a Burrito Change the World?}'라는 제목의 광고를 내보내기도 했다. 무려 65억 원에 달하는 프라임 타임 광고료를 내면서 재료의 진정성, 비즈니스의 투명성을 강조하기 위함이었다. 치폴레의 기업 미션과 진정성을 강조하는 비리얼의 정체성은 맥락이 같다. 또 치폴레의

투명한 운영이 미래를 바꿀 수 있다는 내용을 담은 치폴레 광고. 진정성을 강조해온 치폴레는 비리얼을 프로모션 채널로 삼았다.

치폴레와 e.l.f.가 비리얼에서 진행한 프로모션.

주요 소비자가 18~28세 청소년과 대학생, 그리고 신입 직장인 등임을 감안할 때 적절한 커뮤니케이션 채널이라 할 수 있다. 그런 면에서 비리얼에서 가장 먼저 소비자와의 관계 형성을 시도한 치폴레의 뜻을 이해할 수 있다.

코즈메틱 브랜드 e.l.f.는 조금 더 진화한 프로모션을 진행했다. 비리얼 사용자에게만 코드를 전송하고 코드를 받은 사용자 150명이 e.l.f. 웹사이트에서 해당 상품을 받을 수 있는 이벤트였다. 캠페인과 함께 미디어 광고에서도 이 프로모션을 홍보한 덕분에 단 몇 시간 만에 타깃 소비자에게 노출될 수 있었다. 또 동료들과 함께 어울리며 즐기는 모습을 브랜드 소셜 미디어에 가감 없이 공유하며 보는 이들로 하여금 브랜드의 진정성이 느껴지도록 했다. 즉 비리얼 같은 채널에서는 일반적인 프로모션을 실시하기보다 진정성과 관련된 콘텐츠와 브랜드의 정체성을 알리는 것이 적절한 접근이라 할 수 있다.

아직 한국에서는 이르다는 생각이 들 수도 있지만, 누가 먼저 진정성과 안티알고리즘의 흐름을 읽고 그러한 움직임을 반영하는 것이 곧 브랜드의 경쟁력을 높이는 일이라는 사실을 놓치면 안 될 것이다. 한국 기업과 브랜드도 소셜 미디어 콘텐츠 노출에서 알고리즘에 대한 반향, 그리고 콘텐츠의 진정성에 대한 소비자의 요구를 조금 더 앞서 살펴볼 필요가 있다. 최근 한국에서는 오픈 채팅방에서 전혀 모르는 사람들에게 고민을 털어놓는 것이 유행인데, 광범위하게 보면 이런 소비자의 요구를 진정성과 연결해 마케팅에 이용할 수도 있다. 앞에서 언급한 것처

럼 이런 움직임이 비단 미국뿐 아니라 한국에서도 일어나고 있는 만큼,
기업과 브랜드 차원에서도 변화를 좀 더 적극적으로 반영한 콘텐츠와
소셜 미디어 서비스를 기획하는 것이 필요하다.

SUMMARY ←────────────────────────────────────

1 온라인 추적을 방지하고 개인 정보 유출을 막는 등 사용자의 익명성을
   보장해주는 서비스가 필요하다.

2 테이프리얼, 비리얼 앱처럼 알고리즘이나 과시용 콘텐츠에서 벗어난
   새로운 비즈니스 모델을 론칭한다.

3 틱톡의 '틱톡 나우'나 인스타그램의 '캔디드 챌린지'처럼 기업의 기존
   서비스에 진정성을 강조하는 기능을 추가할 수 있다.

4 운영의 투명성을 강조해온 기업과 협업을 진행하여 브랜드의 긍정적
   이미지를 강화한다.

3장

디지털 네이티브,
인간적 소통을 갈구하다

#연결되어있다는감각

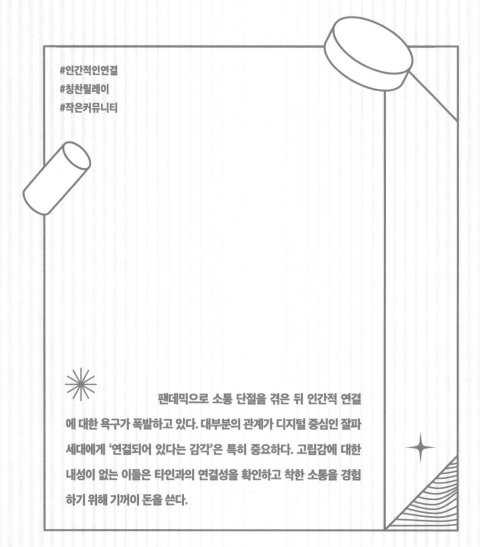

#인간적인연결
#칭찬릴레이
#작은커뮤니티

팬데믹으로 소통 단절을 겪은 뒤 인간적 연결에 대한 욕구가 폭발하고 있다. 대부분의 관계가 디지털 중심인 잘파 세대에게 '연결되어 있다는 감각'은 특히 중요하다. 고립감에 대한 내성이 없는 이들은 타인과의 연결성을 확인하고 착한 소통을 경험하기 위해 기꺼이 돈을 쓴다.

인터넷 뉴스를 볼 때 잔인하거나 자극적인 사건 위주로 클릭하게 되는 현상. 기사를 읽으며 눈살을 찌푸리더라도 또다시 부정적인 기사를 반복적으로 보는 현상. 이를 둠스크롤링doomscrolling이라 한다. 메리엄-웹스터 사전은 둠스크롤링을 인터넷 환경에서 나쁜 뉴스를 계속 스크롤하는 경향이라고 정의한다.[1] 어둠처럼 암울한 상황을 의미하는 둠doom과 스크롤(화면을 밑으로 내리는 행동)을 조합한 단어로 둠서핑doomsurfing과 같은 말이다. 처음 사용된 것은 2018년 무렵이지만 코로나19 팬데믹을 계기로 확산되며 2020년 옥스퍼드 사전이 선정하는 '그해의 단어A Word of the Year'에 오를 정도로 대중화되었다.

둠스크롤링이 불안정한 마음을 안정시키는 효과가 있다는 시각도

부정적인 콘텐츠를 끊임없이 소비하는 둠스크롤링.

있으나,[2] 일반적으로는 사람들의 기분을 다운시키고 더 절망적으로 만든다는 시각이 지배적이다. 심리학 관점에서는 둠스크롤링을 하는 이유로 생존을 위해 좋은 것보다 나쁜 것에 더 민감하게 반응하는 경향인 부정성 편향negativity bias, 불확실성, 불안을 꼽는다. 인간의 특성상 긍정적 뉴스보다 부정적 뉴스에 더 많은 주의를 기울이고, 이런 경향은 특히 불분명하거나 대립적 견해가 많은 주제에 대해 알아야 할 필요가 있을 때 더 강해진다. 중요한 소식을 놓치지 않고 싶은 마음을 뜻하는 포모 증후군 역시 둠스크롤링을 야기하는 요인으로 꼽힌다. 팬데믹 기간 강박적으로 둠스크롤링을 한 것도 예측할 수 없이 변해가는 환경에 대

한 정보가 필요하고, 그에 따라 생겨난 궁금증에 대해 답이 필요했기 때문이다.[3]

둠스크롤링을 팬데믹으로 인한 일종의 집단적 트라우마collective trauma의 증상으로도 보기도 한다. 전쟁이 아니더라도 경제 대공황, 지진, 허리케인, 팬데믹 같은 사건은 인간에게 트라우마를 남긴다. 2003년 전 세계를 휩쓴 사스SARS도 심리적 스트레스와 불안, 우울감을 증가시켰다. 팬데믹 기간에 많은 이가 겪은 사회적 고립, 외로움, 긴장감, 불신, 죄책감, 불면증, 감정적 분리감 등 다양한 증상이 일종의 외상 후 스트레스 장애PTSD, Posttraumatic Stress Disorder로 남았다고 볼 수 있다.

84쪽에 2019~2023년 미국에서 일어난 매스 슈팅(대중을 대상으로 한 총기 난사 사건) 증감 패턴을 보면 팬데믹 기간 그 수가 늘어났다는 것을 알 수 있다. 물론 이 기간에 미국에서 총기 구입을 허가한 주가 늘어났음을 감안하더라도, 매스 슈팅이 증가한 것과 팬데믹으로 인한 정서적 변화, 고립 등이 관계가 있음을 배제할 수 없다. 최근 한국에서 대중을 상대로 한 묻지 마 폭행 사건이 늘어난 것도 비슷한 원인에 의한 것으로 추측해볼 수 있다.

외로움과 고립감, 인성 변화까지 초래하다

지난 몇 년 사이 개인적, 사회적으로 외로움과 고립감이 증가하면서 발생하는 사건을 더 많이 마주하는 것 같다. 팬데믹 기간 시행한 폐쇄 정책으로 소통이 가로막힌 것이 원인이라고 생각한다. 특히 외로움과 고립감이 커졌다는 점에는 많은 이들이 공감할 것이다.

팬데믹으로 디지털 기반 생활이 더 강화된 것 역시 사람들의 고립감을 증가시키는 원인 중 하나였다. 이로 인한 우려도 커지고 있는데, 영국의 유니버시티 칼리지 런던 경제학 명예교수 노리나 허츠[Noreena Hertz]

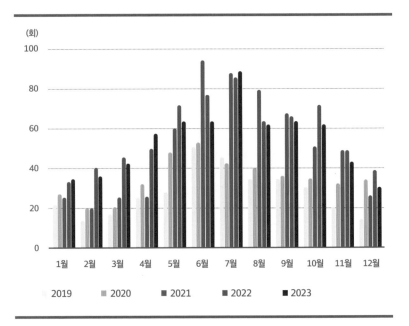

2019~2023년 미국에서 일어난 총기 난사 사건 발생 횟수

출처_총기 폭력 아카이브Gun Violence Archive, 비즈니스 인사이더는 『고립의 시대』[4]에서 스마트폰과 SNS를 통해 생활환경이 디지털 환경으로 이동하는 현상이 심화되면서 고립 또한 심화되었다고 지적했다. 문제는 외로움을 느끼는 사람들은 개인의 건강 측면에서 문제를 겪을 뿐 아니라 이들 때문에 경제적 비용이 증가하고 사회적으로는 분열, 극단주의가 만연해진다는 것이다. 허츠 교수는 이렇듯 디지털화된 21세기의 환경이 오히려 고립감을 증가시킬 뿐 아니라 팬데믹을 거치며 후폭풍을 불러올 것이라고 진단했다.

팬데믹 시기 물리적 폐쇄 정책 또한 영향을 끼쳤다. 미국에서는 한시적이었지만 주 간 이동, 8시 이후 외출 등을 금지했고, 오스트레일리아는 1년 반(2020년 3월~2021년 10월) 동안 수도 멜버른을 여섯 번, 총 262일 동안 봉쇄할 정도로 강력한 정책을 펼쳤다.[5] 그런데 이처럼 강력한 봉쇄 정책을 펼친 오스트레일리아에서 외로움과 고립감이 두드러지게 증가했고, 특히 젊은 층인 Z 세대에게서 심각한 외로움이 커진 것으로 나타난다. 86쪽 그래프의 오스트레일리아 정부 조사에 따르면 2020년 8월~2021년 8월 다른 세대(25~34세, 35~44세, 45~54세)가 '대부분 또는 항상' 외로움을 느낀다고 답한 비율이 1.8~3% 증가한 반면 18~24세의 경우 4.8% 증가했다. 실질적 상호 소통이 팬데믹으로 억압된 탓에 디지털 활동을 가장 활발하게 하는 18~24세 연령에서 외로움이 가장 크게 나타났다는 것은 역으로 디지털 활동만으로는 외로움을 해소하기 어렵다는 점을 시사한다.

심지어 팬데믹은 사람의 성격에 영향을 미치기도 했다. 2022년

논문에서는 미국 소비자 7,109명을 대상으로 인간의 다섯 가지 특성을 코로나19 이전, 코로나19 초기(2020년), 코로나19 후기(2021~2022년) 등 기간별로 비교했다.[6] 다섯 가지 특성은 부정적인 감정을 잘 느끼고 스트레스에 취약한 경향을 뜻하는 뉴로티시즘neuroticism 외에 외향성extraversion, 개방성openness, 우호성agreeableness, 성실성conscientiousness 이었다. 코로나19 이전과 코로나19 초기를 비교해보니 뉴로티시즘이 조금 저하

코로나19 기간 오스트레일리아 국민의 연령대별 외로움 비교 조사
(2020년 4월, 8월 / 2021년 4월, 8월)

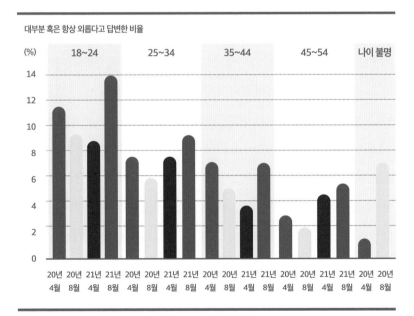

대부분 혹은 항상 외롭다고 답변한 비율

출처_AIHW(2021)

되었을 뿐 다른 네 가지 특성에는 변화가 없었다. 그런데 코로나19 이전과 코로나 후기를 비교했을 때 뉴로티시즘은 차이가 없는 반면 나머지 네 가지 특성 모두 감소했다. 특히 Z 세대 참가자들의 뉴로티시즘은 늘어난 반면 우호성과 성실성은 줄어든 것으로 나타나며 성숙도에 의미 있는 변화가 엿보였다. 즉 젊은이들 사이에 부정적인 감정과 스트레스에 취약한 정도는 높아진 한편 우호성, 성실성 등 긍정적인 특성은 줄어든 것이다. 물론 한 연구로 단정 지을 수는 없지만 팬데믹 같은 사건은 인간의 인성까지 변화시킬 수 있음을 보여주는 연구였다.

소통 방식도 큰 변화를 맞았다. 팬데믹 기간 아이들이 마스크를 낀 상태에서 소통하는 것이 익숙해져 마스크를 벗은 상태에서 상대와의 소통을 '새롭게' 배워간다는 말이 있을 정도다. 마스크로 얼굴의 반을 가린 상태로 대화를 나누는 것과 마스크를 벗고 대화를 나누는 것은 전혀 다른 차원의 소통이기 때문이다. 한국에서는 원격 수업을 지속적으로 진행했음에도 학습 결손이 심화되었고, 초·중·고등학생의 교우 관계가 멀어졌다고 한다.[7] 부대끼며 친해지는 경험이 줄어들어 청소년의 정서적인 발달에 유해한 영향을 끼친 것이다.

학습 결손과 소통의 문제는 초·중·고등학생뿐 아니라 대학생도 마찬가지다. 불안하고 부정적인 미래, 그리고 고립감으로 인한 무관심도 증가했다. 미국 학계에서는 최근 학생들이 '무관심으로 무장한militant apathy' 세대라는 표현까지 등장했다.[8] 현실 세계에서 앞을 가로막는 장벽에 예상치 못한 상황까지 더해져 일종의 박탈감을 느끼는 잘파 세대가 학업에 무관심으로 대응한다는 진단이다. 앞에서 언급한 둠스크롤링이 학업에도 부정적 영향을 미쳤다는 의견도 지배적이다. 전통적 교육 미디어 크로니클Chronicle은 소셜 미디어의 확산으로 생겨난 둠스크롤링이 잘파 세대 학생들의 정신 건강에 부정적 영향을 끼쳤음을 지적했다. 필자도 미국 대학에서 학생들을 가르치며 팬데믹 이후 소통 능력 부족과 학습 능력의 양극화를 체감하곤 했다.

인간적 연결을 보여준 기업의 사례

팬데믹 기간 긍정적 상호작용이 결핍되며 커뮤니티의 소통 기능이 급격히 약화되었다. 집단적 트라우마의 후유증처럼 사람들의 고립감과 외로움은 강화되면서 더욱 의미 있는 연결과 깊은 대화를 나눌 커뮤니티를 원하게 되었다. 그에 따라 기업은 타깃 소비자와 의미 있는 관계를 구축할 수 있는 커뮤니티를 조성해야 하고, 소비자와의 소통을 디자인할 때 좀 더 신중한 접근이 필요해졌다.

퓨 리서치 센터가 미국인을 대상으로 팬데믹 이후 인생에서 어떤 것에 중요한 가치를 두게 되었는지 물었다. 1위로 꼽힌 것은 건강이고, 2위는 친목socializing이었다. 그런데 친목의 경우 가족이나 지인과 직접 만나서 함께 보내는 종류의 '의미 있는 시간을 위한 친목 활동'에 더 중요한 가치를 부여하는 것으로 나타났다. 이를 통해 '연결'의 중요성과

코로나19 이후 인생에서 '더' 중요해진 것

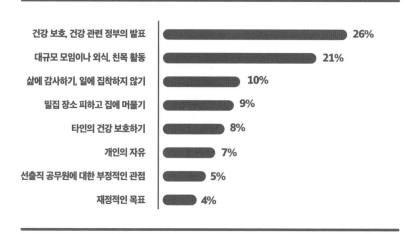

건강 보호, 건강 관련 정부의 발표	26%
대규모 모임이나 외식, 친목 활동	21%
삶에 감사하기, 일에 집착하지 않기	10%
밀집 장소 피하고 집에 머물기	9%
타인의 건강 보호하기	8%
개인의 자유	7%
선출직 공무원에 대한 부정적인 관점	5%
재정적인 목표	4%

출처_퓨 리서치 센터(2022)

코로나19 이후 인생에서 '덜' 중요해진 것

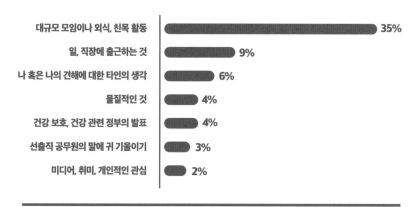

대규모 모임이나 외식, 친목 활동	35%
일, 직장에 출근하는 것	9%
나 혹은 나의 견해에 대한 타인의 생각	6%
물질적인 것	4%
건강 보호, 건강 관련 정부의 발표	4%
선출직 공무원의 말에 귀 기울이기	3%
미디어, 취미, 개인적인 관심	2%

출처_퓨 리서치 센터(2022)

의미가 팬데믹 전보다 커진 것을 알 수 있다.

그렇다면 기업에서는 어떤 방법으로 사람 간의 연결과 커뮤니티를 강조할 수 있을까? 앞에서 강조한 것처럼 디지털 전환이 심화되더라도 사람들에게는 여전히 타인과의 연결이 필요하다. 이를 '브랜드와의 연결'에 적용할 수도 있다.

온라인 신발업체 자포스Zappos가 좋은 사례다. 팬데믹 기간 많은 이가 경험한 심리적 고립과 외로움을 해소해주는 고객 서비스를 운영한 것이다. 엄격한 봉쇄가 이루어진 코로나19 초기인 2020년 4월에 새로운 서비스 핫라인을 선보인 것인데 소비자가 고객 센터에 전화를 걸어 신발 관련 문의가 아니더라도 숙제나 리서치 등 일상의 사소한 일에 대해 대화를 나눌 수 있는 서비스였다. 자포스 직원 중 한 명인 브라이언 칼마Brian Kalma가 소비자가 고객 서비스 직원과 긴 대화를 나누길 원한다는 것을 알아채고 제안한 아이디어였다.

핫라인 서비스를 통해 약 400명의 직원이 신발과 관련 없는 약 3,000통의 고객 전화를 받았는데, 이런 서비스가 알려지며 여러 기업이 자포스에 관련 조언을 얻고자 했다. 자포스는 우수한 고객 서비스로 유명한 기업으로 핫라인 서비스는 같은 맥락에서 고객을 위한 사회 환원의 일환이라고 강조했다. 또 자포스는 이런 감정 노동 영역을 담당하는 직원들에게 다양한 상담과 의료 서비스를 제공해 직원 복지에도 최선을 다했다.[9] 자포스의 사례는 열린 마인드로 고객이 원하는 것을 알아내고 제공하려는 의지와 추진력이 얼마나 중요한 것인지 일깨워준다.

이러한 기업의 태도는 고객이 심적으로 힘든 때일수록 더욱 빛을 발한다.

연결과 커뮤니티를 강조해 성장한 또 다른 사례는 디스코드Discord
다. 디스코드는 2015년 게이머들이 사용하는 채팅 앱으로 시작해 '당
신이 이야기할 수 있는 곳your place to talk'으로 부상했다. 디스코드의 주요
사용자층은 18~24세로, 이들은 서비스를 구독해 디지털 환경에서 일종
의 제3의 장소를 만들어낸다. 이곳에서 사용자들은 프라이빗하지만 타
인과 함께 관심사에 대해 깊이 토론하고 싶은 욕구를 채울 수 있다.

Z 세대에게 게임이란 단순한 유희 그 이상이다. Z 세대 게이머 중
70%는 비디오게임이 타인과 연결되는 것을 유지하는 데 도움이 되었

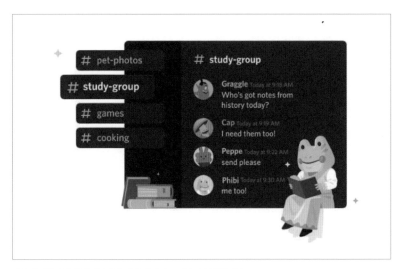

게이머 대상에서 일반 커뮤니티 기반 메신저로 변화에 성공한 디스코드.

다고 인지한다.[10] 이제 게임은 단순히 놀기 위한 것이 아니라 소통과 정서를 안정시키기 위한 활동으로 진화하고 있다. 특히 잘파 세대에게는 게임이 연결성과 커뮤니티를 접할 수 있는 플랫폼 역할을 하게 되었다. 이 같은 변화를 반영해 디스코드는 채팅-보이스 서비스를 넘어 커뮤니티 소통 플랫폼을 지향하고 있다. 사용자들은 관심 있는 주제로 그룹챗(디스코드는 서버server라 부른다)을 개설해 소규모 커뮤니티 채널을 운영할 수 있다. 화상회의 기능을 추가해 가상 교실을 여는 것도 가능해졌다. 이로 인해 디스코드 내에는 댄스 클래스, 스터디 그룹, 패션과 뷰티를 테마로 한 소규모 커뮤니티 채널이 무려 1,900만 개이고, 그 안에서 생성되는 대화는 40억여 개에 이른다. 그런데 대화 중 80%에 가까운 비율이 일반 콘텐츠 또는 게이밍+일반 콘텐츠다.[11] 이를 계기로 디스코드는 전 세계 3억 5,000만 명의 가입자(2021년 기준), 1억 5,000만 명의 월간 활성 사용자를 확보한 서비스로 성장했다. 2022년 3월까지 9억 9,500만 달러(약 1조 3,000억 원)의 펀딩을 유치했고, 기업 가치는 147억 달러(약 19조 5,000억 원)로 평가된다.[12]

신뢰와 관계를 키워드로 한 플랫폼 역시 큰 성공을 거두었다. 광범위하지만 지역적 근접성에 기반을 둔 커뮤니티 플랫폼의 성장이 특히 돋보였다. 대표 사례가 한국의 당근(구 당근마켓)과 미국판 당근으로 불리는 넥스트도어Nextdoor다. 넥스트도어는 이웃 간에 신뢰할 수 있는 정보 교환, 대화를 통해 더 나은 세상을 만들겠다는 취지 아래 2008년 샌프란시스코에서 시작되었다. 11개국 30만 개 도시에 론칭되었고 7,500만 명의 사용자와 360만 개의 기업, 그리고 5,000개 공공 에이전시가 가입했으며, 미국 내 세 곳 중 한 곳이 가입할 정도로 대중화된 서비스다.[13] 2016년까지는 벤처캐피털 투자를 받았고 주 수익원은 광고와 스폰서십을 받은 콘텐츠다. 2022년 매출 2억 1,280만 달러(약 2,845억 원)를 기록했으며 전년 대비 11% 늘었고, 전체 주간 활성 사용자^{WAU}는 21% 증가해 4,000만 명에 이른다.[14] 이와 유사한 서비스로는 세이 클럽^{SSAYE} ^{Club}, 햄릿허브^{HamletHub}가 있다.

한편 근거리에 사는 주민과 물품을 거래하는 중고 거래 플랫폼으로 성장한 당근의 스토리는 우리에게 이미 익숙하다. 하지만 2020년 앱 카테고리를 '쇼핑'에서 '소셜'로 전환하며 커뮤니티에 더욱 집중하는 모습이 주목할 만하다. 커뮤니티에 집중하기 위한 일환으로 2020년 9월 오픈한 '동네생활' 서비스는 동네 소식, 취미, 근처 한의원, 병원, 미용실, 음식점 등에 대한 질문과 답변을 남기며 소소한 일상을 공유하는 공간이다.

또 '산책 같이 가는 친구 찾기' 같은 이웃과의 단기 모임 만들기 서비스 '반짝모임'을 통해 이웃과 단기적으로 오프라인 활동을 할 수 있다.[15] 당근의 2023년 1월 기준 누적 가입자 수 3,300만 명, 주간 활성 사용자 1,200만 명을 넘어섰다.[16] 기업 가치는 3조 원으로 평가되는데, 이는 롯데쇼핑, 이마트 같은 대기업과 같은 수준이다.

2023년 당근마켓은 사명을 '당근'으로 변경했다. 중고 거래 플랫폼에서 더욱 확장하여 지역과 연결, 삶 이 세 가지 핵심 가치를 강조하기 위함이다. 지역의 다양한 영역에서 풍요로운 동네 생활을 지원하는 하이퍼로컬 서비스를 강조하기 위한 리브랜딩으로 보인다.

지역 기반 커뮤니티 플랫폼의 성공 비결

넥스트도어나 당근 같은 동네 기반 커뮤니티 플랫폼이 성공한 이유는 크게 세 가지로 볼 수 있다.

첫째, 지역적 근접성proximity이 높은 사용자끼리 신뢰에 기반한 소통이 가능하기 때문이다. 심리학 연구에서 관계가 두터워지는 요건 중 하나로 '지역적 근접성'을 꼽는다. 한번도 본 적 없는 타인이라 하더라도 같은 지역이라는 공통점, 취미나 관심사가 비슷하다는 공통점은 심리적인 거리가 가까워지는 주요한 요인이다. 익명의 상대지만 힘든 이에게는 위로를, 질문하는 이에게는 답변을, 친구를 찾는 포스팅에는 함께하자는 제안을 하는 등의 활동이 가능한 것은 온라인이지만 '동네'라는 지역적 공통점에 기반해 끈끈함을 강조하기 때문이다.

둘째, 신뢰와 평판을 '정량화'하기 때문이다. 다른 사용자에 대한 신뢰감을 평가할 수 있게 한 것이다. 넥스트도어에는 리뷰 자원봉사자 팀이 있고, 당근에서는 '칭찬 당근'을 통해 소통의 긍정적 경향을 평가할 수 있다. 이것이 중요한 이유는 무엇일까? 1인 가구가 급증하고 세대 간 단절이 심화되면서 현대인이 느끼는 외로움이 커져가기에 우리에

오프라인에서의 연결성을 강화한 당근의 '동네생활' 서비스.

게는 같이 밥 먹고 놀 수 있는 '동네 친구' 같은 타인이 필요하기 때문이다. 과거 전통적 마을 공동체를 현대식 하이퍼로컬 서비스로 풀어내고, 정량화된 신뢰도와 평판을 통해 새로운 수요를 성공적으로 창출한 좋은 사례가 넥스트도어와 당근이다.

셋째, 온라인 관계를 오프라인으로 확장할 수 있다는 점이다. 넥스트도어는 2022년 2월 새 멤버가 가입하면 축하 메시지를 쓰거나 가상의 쿠키 혹은 꽃을 선물할 수 있는 기능을 도입했다. 또 프로필 사진과 실제 실명을 사용하도록(물론 정보 안정성은 보장한다) 권장했다. 주변 이웃과 연결될 가능성을 높이기 위해 연결된 멤버끼리 상대방의 포스팅은 물론 코멘트와 리액션을 노출했고, '당신이 알 만한 이웃'이라는 추천 기능도 더했다. 추천은 주거 지역, 공통점, 플랫폼 내에서의 소통, 개인 연락 정보 등에 기반하는데, 이를 위해 검색 능력, 중고 거래, 투표, 비디오 공유, 장소 태그 기능 등을 향상시켰다. 이 전략으로 효과적인 성과를 낼 수 있었는데, 예를 들어 프로필에 사진을 넣을 수 있는 기능을 추가한 결과 프로필 조회 수는 180%, 연결 요청은 46% 증가했다.[17]

넥스트도어의 2022년 투명성 리포트를 보면 AI 기반 시스템이 해로운 콘텐츠를 35% 줄이는 데 기여했고, 이와 함께 전 세계 약 21만 명으로 이루어진 자원봉사자 커뮤니티가 전체 콘텐츠의 92%를 리뷰하는 등 자체 정화 시스템을 통해 긍정적 소통이 이루어지는 환경을 만들고 있다. 넥스트도어 조사에서 페이스북과 넥스트도어를 이용하는 이유를 물었더니 '믿을 수 있는 리뷰와 추천' 때문에 넥스트도어를 이용한다고 대답한 이용자 수가 85%나 되었다. 같은 이유로 페이스북을 이용한다고 대답한 이용자는 45%에 불과했다. 이를 통해 넥스트도어가 추구하는 신뢰, 연결성 등의 가치가 곧 사용자가 서비스를 이용하는 동기와 일치한다는 사실을 알 수 있다.

넥스트도어를 이용하는 다섯 가지 이유

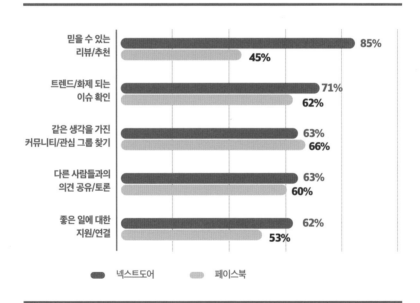

출처_넥스트도어(2022년 9월)

전략 포인트 ←

착한 소통으로 소비자를 연결하라

연결되고 싶어 하는 고객들의 니즈를 어떻게 비즈니스 모델에 접목할 수 있을까? 또 이를 어떻게 전략적 수익화로 연결할까?

첫째, 사회적 기업이 아니더라도 '작은 커뮤니티'에 방점을 둔 인간적 브랜드brand humanization를 구축하는 방법이 있다. 비즈니스 모델에 사회적 순기능을 담는 것이다.

미국 10대 사이에서 폭발적 인기를 얻은 소셜 미디어 가스Gas와 제네바Geneva가 좋은 예다. 2022년 8월에 론칭한 가스는 익명으로 칭찬 릴레이를 할 수 있는 서비스다. 애초에 10대에게 '칭찬 문화'를 확산하기 위한 의도로 설계되었고, 투표에 기반한다는 점이 가장 큰 특징이다. 사용자가 한 사람을 지정해 투표에 올리면 선정된 사람은 불꽃flames을 얻고, 많은 불꽃을 얻어 선정된 사람에게 익명의 칭찬 릴레이를 하는 시스템이다. 이렇게 친구들을 '뿜뿜gassing up'해준다는 의미로 가스라는 이름을 붙였다. 사용자는 인스타그램처럼 남을 의식해 필터를 사용할 필요도 없고, 칭찬 릴레이를 통해 자신의 긍정적 모습을 발견할 수도 있다. 고등학생만 이용할 수 있는 서비스임에도 론칭 2개월 만에 7,400만 회 다운로드되며 앱스토어 1위(2022년 10월 기준), 일간 활성 사

미국 10대 사이에 칭찬 문화를 퍼뜨리며 돌풍을 일으킨 가스.

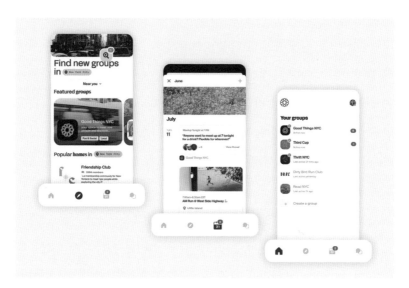

촘촘한 관계 만들기를 표방하는 소셜 미디어 제네바.

용자 수는 100만 명에 달한다. 《월스트리트저널》의 가장 핫한 앱에도 선정되었고,[18] 2023년 디스코드에 인수되면서 더 큰 관심을 불러일으켰다.

커뮤니티를 통한 긍정적 문화 형성을 목적으로 하는 서비스로는 소규모 그룹 기반 라이프스타일 플랫폼 제네바도 참고할 만하다. 2021년 봄에 선보인 제네바는 문자 채팅, 오디오 챗, 디스커션 보드, 비디오 챗 등 소통에 방점을 둔 단순한 UI를 제공하며, 사용자가 결속력 강한 소규모 커뮤니티를 쉽게 만들 수 있다. 인스타그램이나 유튜브처럼 팔로어 수와 좋아요 수가 겉으로 드러나지 않는 것이 특징이다. 소셜 미디어가 남들에게 보여주기식으로 변질된 것에 대한 자정작용으로, 착한 소통이 필요하다는 인식에서 착안했기 때문이다. 창업자 저스틴 하우저Justin Houser는 전쟁 포로의 인권을 보장하는 것을 내용으로 하는 제네바 협정Geneva Conventions 정신에 따라 제네바로 이름 지었으며, 사람들이 좀 더 안전한 장소에서 건강한 대화를 나누며 서포트하는 커뮤니티를 만드는 것이 기업 미션이라고 언급했다.[19] 가스에 비해 인지도는 낮으나 다양한 일상생활에서 함께하는 커뮤니티를 만들 수 있다는 장점으로 주목받는다.

친구들과 달리기 클럽을 운영하고 싶을 때, 학교 친구 혹은 팟캐스트 독자와 함께하고 싶을 때, 그리고 인플루언서는 자신의 팬과 커뮤니티를 만들기 위해 제네바를 선택하는 경우가 늘어나면서 특히 여성 Z세대와 틱톡 스타 등에게 높은 인기를 얻고 있다. 아직 수익 모델이 좀 약하다는 평가도 있으나 2,200만 달러(약 293억 원)의 펀딩을 유치할 정도로 잠재성을 인정받았고, 셀레나 고메즈의 화장품 라인인 레어 뷰티Rare Beauty, 럭셔리 주얼리 브랜드 메주리Mejuri 등도 제네바에 둥지를 틀었다.[20]

둘째, 수익화가 유리한 구조로 설계해야 한다. 연결성이 강조되고 사용자 관여도가 높은 서비스는 수익화에 있어 양면적 성격을 띤다. 사용자가 자신이 관심을 두는 커뮤니티에서 활동한다는 것 자체가 심리적인 전환비용switching cost을 높여 해당 서비스에 머물 확률, 즉 충성도를 높이는 것인데, 이는 커머스로 확장되더라도 매출 잠재성이 높다는 것을 뜻한다. 따라서 연결과 커뮤니티를 강조하는 서비스는 이 장점을 잘 살려 수익성 모델을 확보해놓아야 한다. 사실 당근과 넥스트도어는 수익성이 약하다는 것이 가장 큰 약점이었는데 실제로 당근은 2023년 기준 8년째 적자, 2022년 영업 손실 540억 원을 기록했다.[21] 이는 소비자의 생활에 필요한 요구를 만족시켜주기 때문에 사람들이 모여들 수 있었던 플랫폼이 되긴 했지만 그 자체로 수익이 나지는 않고, 광고가 주수익 모델임에도 적자를 메우기엔 한계가 있음을 보여준다.

수익성을 높이기 위해서는 상품 판매, 구독 모델, 유료 모델 등을 고려할 수 있다. 앞서 말한 가스처럼 특정 기능은 유료 멤버만 이용 가능한 서비스를 추가하는 방법도 있다. 가스 서비스 자체는 무료인데 '갓모드God Mode'라는 유료 서비스 기능으로 수익을 얻는다. 갓 모드를 구독하면 누가 칭찬을 남겼는지 알 수 있는 힌트를 얻을 수 있는데, 이 기

능으로 론칭 후 2개월 만에 무려 700만 달러(약 91억 원)의 수익을 기록
했다.[22] 자신을 긍정적으로 평가하는 이들이 누구인지 알고 싶어 하는
사람의 심리를 영리하게 파고든 덕분이다. 디스코드도 역시 대부분의
기능은 무료이고 광고도 없는 이유는 저연령층의 게이머들을 위해 탄
생했기 때문이다. 하지만 이후 수익성을 위해 이모티콘 결제와 니트로
Nitro라는 프리미엄 구독 모델로 수익을 내고 있다. 구독 모델의 경우 한
달 4.99달러(약 6,500원)의 비용으로 고화질 비디오 시청, 맞춤형 이모지,
아바타를 이용할 수 있고, 2019년에 선보인 서버 부스팅은 라이브스트
리밍에 퀄리티를 향상시키고 커스텀 스티커를 제공하는 유료 기능이
다. 2022년 인앱 구매 글로벌 매출은 2억 1,100만 달러(약 2,800억 원)에
이른다.[23]

셋째, 타깃 소비자에게 어필할 수 있는 브랜드와의 협업을 적절히
활용하는 것이다. 특히 연결되고 싶은 욕구가 큰 잘파 세대가 적절한
타깃이다. 디스코드 그룹은 사용자가 관심을 갖는 주제로 모였기 때문
에 특정 소비자군에 접근했을 때 효과를 높일 수 있고, 알고리즘으로
노출하는 콘텐츠보다 그 주제에 관심 있는 사용자를 대상으로 한다. 잘
파 세대를 타깃으로 삼는 브랜드들이 디스코드 내 관련 그룹과 서버를
만들고 프로모션을 진행하는 것도 좋은 방법이다.

예를 들어 Z 세대에게 인기 있는 스니커즈 리세일 서비스 스톡
X StockX와 함께 주최한 스톡X데이에는 무려 2만여 명의 사용자가 브랜
드 그룹 챗에 가입하며 최다 단일 가입 기록을 세웠다. 구찌도 트위터

에서 디스코드에 데뷔할 것이라고 발표했는데, 디스코드 채널 내 선착순 2만 명에게 이후 발표할 NFT에 우선적으로 접근할 수 있는 혜택을 제공한다고 해 많은 관심을 모았다.[24] 실제로 2022년 2월 미국의 NFT 스타트업 슈퍼플라스틱Superplastic과 제휴해 구찌 브랜드 최초의 NFT 컬렉션, 슈퍼구찌Supergucci를 선보였다. 물론 이런 협업의 경우 커뮤니티에 방점이 찍혔다는 점을 감안해 단순한 상품 판매를 위해서가 아니라 타깃 소비자와 함께 진정성 있는 커뮤니티를 구축하고 난 뒤에 진행해야 할 것이다.

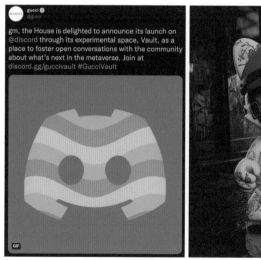

구찌는 트위터에 디스코드 진출을 예고한 뒤 NFT 컬렉션, 슈퍼구찌를 출시했다.

마지막으로 지역 행사와 부동산 등 지역 연계 서비스를 좀 더 적극적으로 확장하고 이에 대한 수수료를 받는 모델도 생각해볼 수 있다.

연결되어 있다는 감각이 중요한 소비자에게 심리적 전환 비용을 높일 수 있는 특화된 가치를 발굴하고 그와 관련된 수익 모델을 만드는 것, 연결과 커뮤니티를 통해 구축된 소비자의 충성도를 레버리지로 삼는 것이 필요한 시점이다. 연결성에 초점을 둔 서비스를 기획할 때는 커뮤니티를 구축하는 구체적 목적을 분명히 하고 장기적인 수익성 또한 유념해야 함을 잊지 말아야 한다.

SUMMARY ←───────────────────────────

1 온라인에서 착한 소통을 가능하게 한 가스, 제네바의 사례를 참고하여 고객들에게 인간적인 연결을 강조하는 서비스를 론칭한다.

2 동일한 관심사를 통해 온라인 관계를 오프라인으로 확장할 수 있는 작은 커뮤니티를 구축한다.

3 디스코드처럼 관심 주제별로 타깃 소비자가 모여 있는 기업과 협업하는 것도 도움이 된다.

4 지역 커뮤니티 플랫폼은 초기에 상품 판매, 구독 모델, 유료 모델 등 수익화가 가능한 구조로 설계해야 한다.

4장

클릭 한번으로 가치관을
드러내다

#나보다우리가더중요요해 #내가바꾸는세상

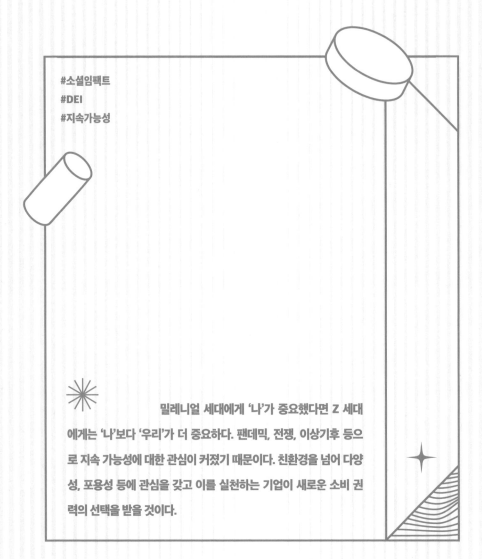

#소셜임팩트
#DEI
#지속가능성

밀레니얼 세대에게 '나'가 중요했다면 Z 세대에게는 '나'보다 '우리'가 더 중요하다. 팬데믹, 전쟁, 이상기후 등으로 지속 가능성에 대한 관심이 커졌기 때문이다. 친환경을 넘어 다양성, 포용성 등에 관심을 갖고 이를 실천하는 기업이 새로운 소비 권력의 선택을 받을 것이다.

2023년 봄, 뉴욕에서 유기농 슈퍼마켓 홀푸드마켓을 방문했을 때의 일이다. 음료수 코너에서 '리퀴드 데스^{Liquid Death}'라는 캔이 눈에 띄었다. 타투가 연상되는 폰트와 문양이 새겨진 용기의 디자인은 미국의 대표적인 에너지 드링크 브랜드 몬스터 베버리지의 몬스터 에너지^{Monster Energy}처럼 강렬했다. 자세히 살펴보니 알프스산맥의 청정수로 만든 생수란다. 에비앙이나 피지 워터가 물을 사 먹는 경험의 럭셔리 버전이라면, 리퀴드 데스의 물은 직접 마셔보니 그와 다른 특별함이 느껴졌다.

리퀴드 데스는 마이크 세자리오^{Mike Cessario}가 만든 브랜드인데, 그래픽 디자이너였던 그는 부업으로 물을 플라스틱 병 대신 알루미늄 캔에 담아 에너지 음료처럼 브랜딩하는 프로젝트를 시작했다. 2009년 매년 여름 미국 여러 지역을 순회하며 공연하는 록 밴드 투어 공연인 와프드 투어Warped Tour에 갔을 때 리퀴드 데스의 초기 아이디어를 얻었다. 몇 시간에 걸쳐 진행되는 록 밴드 공연에서 사람들이 몬스터 에너지 드링크 캔에 물을 담아 마시는 것을 보고 록의 정신을 담은 물 브랜드를 만들자는 아이디어를 얻은 것이다.

리퀴드 데스가 창업된 지 3년 만에 매출이 47배나 성장하고 무려 1억 9,500만 달러(약 2,590억 원)에 이르는 자금을 유치한 이유 중 하나는 바로 브랜드의 힘이었다. 초기에는 헤비메탈 음악 팬을 타깃으로 '당신의 목마름을 없애라Murder Your Thirst'라는 슬로건을 만들었고, 독특한 디자인과 콘셉트는 곧 큰 인기를 끌었다. 2017년 리퀴드 데스 트레이드

리퀴드 데스(왼쪽)의 모티브가 된 에너지 드링크 몬스터 에너지(오른쪽).

마크 디자인을 등록한 후 공식 론칭한 첫해인 2019년에는 280만 달러(약 37억 원)의 매출을 올렸고, 2022년에는 1억 3,000만 달러(약 1,731억 원)를 올렸으며, 2023년 기준 기업 가치는 7억 달러(약 9,300억 원)에 이른다.[1] 소비자에게 온라인으로 직접 제품을 판매하는 DTC Direct-To-Consumer였다가 2020년부터 홀푸드마켓과 세븐일레븐 등에서 판매하면서 판매채널을 다변화한 덕분도 있지만 어찌 되었든 무척 짧은 시간에 이룬 쾌거가 아닐 수 없다.

리퀴드 데스의 독특한 점은 다소 험악한 디자인과는 다르게 지속 가능성과 친환경을 강조한다는 점이다. 리퀴드 데스는 #플라스틱의종말 #DeathToPlastic 이라는 해시태그를 기업의 주요 슬로건으로 사용하는데,

리퀴드 데스의 '플라스틱의 종말' 광고.

알루미늄 캔을 쓰는 이유도 플라스틱 물병보다 재활용하기 쉽고 무한정 재활용이 가능하기 때문이다.

독특한 디자인과 해시태그, 지속 가능성으로 주목받은 리퀴드 데스의 광고와 소셜 미디어 인기도 높다. 초기 파일럿 광고는 2~3개월 만에 300만 뷰가 넘었고, 페이스북 좋아요 수는 10만여 개가 넘었다. 아쿠아피나 같은 기성 생수 브랜드가 오랜 시간 확보한 팔로어 수를 단 몇 개월 만에 얻은 것이다.[2] 2023년 9월 기준으로 사용자 연령대가 높은 페이스북 팔로어는 25만여 명이지만, 인스타그램 팔로어는 240만여 명이 넘는다. 신선함과 재미는 물론 지속 가능성에 집중해 Z 세대에게 인기 있는 브랜드가 된 것이다.

소셜 임팩트는 선택의 문제가 아니다

힙한 생수 브랜드 리퀴드 데스가 '소셜 임팩트social impact'에 접근하는 방식은 굉장히 트렌디하다. 소셜 임팩트는 기업의 활동이 소비자와 사회에 미치는 지속적인 영향을 의미하는데, 지속 가능성, 기업의 사회적 책임, ESG와 DEIDiversity, Equity, Inclusion(다양성, 형평성, 포용성)를 모두 아우르는 개념이다. 소셜 임팩트는 기업뿐 아니라 소비자에게도 적용된다. 소비자의 소셜 임팩트는 소비 감소consumerism curtailment, 자신의 구매 결정이 미칠 파급효과, 기업에 관련된 이해관계자(직원, 관계사, 환경과 사회

등)를 고려하고 이를 구매 결정에 반영하는 것 등을 포함한다.

필자는 10여 년 전부터 리테일러의 사회적 책임과 지속 가능성, 소비자 행동을 주제로 논문과 칼럼을 써왔다. 2000년대 중반부터 기업의 사회적 책임, 즉 CSR에 대한 관심과 중요성이 커졌고, 최근에는 기업의 지배구조까지 아우르는 ESG는 물론, 과거에는 간과되었던 다양성과 평등, 포용성이 중요한 영역으로 부상했다는 점도 주목해야 한다. 기업에게 소셜 임팩트가 지금, 그리고 앞으로도 중요한 이유는 무엇일까? 세 가지 정도의 이유를 꼽을 수 있다.

첫째, 팬데믹을 겪으며 글로벌 재난에 대한 공포심과 그 때문에 지출되는 사회적 비용이 증가했기 때문이다. 이로 인해 기업에 대한 기대와 요구가 그 어느 때보다 크다. 팬데믹 이전부터 지구환경 파괴에 대한 위기의식이 고조되었지만 팬데믹을 겪으며 환경과 기업 활동의 연관성에 대한 관심이 증폭되었다. 엔데믹 시대로 접어들었으나 원숭이두창 바이러스로 감염되는 엠팍스Mpox 등은 향후 또 다른 팬데믹이 도래할 가능성을 제시한다.

보스턴 컨설팅 그룹BCG이 8개국 3,000여 명의 사람들을 대상으로 조사해보니[3] 팬데믹을 겪으며 환경·기후 위기에 대한 사람들의 인식이 높아졌고, 지속 가능성을 확보하기 위해 에너지 사용을 줄이거나 재활용 혹은 로컬 상품을 구매하는 등 자신의 행동을 바꿀 의지가 커진 것으로 나타났다. 또 개인 차원을 넘어 기업이 환경문제에 대한 인식을 기업의 상품과 서비스, 운영 철학에 더 높은 수준으로 반영해야 한다고 언급했다.

또 다른 2022년 미국 소비자 조사에서도 지속 가능성에 대한 책임이 기업에 있다고 응답한 비율이 49%로, 개인 소비자라고 답한 비율(34%)과 정부에 있다고 한 비율(17%)보다 훨씬 높았다.[4] 기업의 역할에 대한 기대와 인식이 그 어느 때보다 높다고 할 수 있다.

둘째, 실질적인 비즈니스 면에서도 기업이 환경 이슈로 큰 피해를 보았기 때문이다. 이를 대비하기 위해서도 소셜 임팩트를 더욱 적극적으로 수용해야 할 시점이다. 2022년을 강타한 글로벌 공급망 문제는 거의 모든 기업에 영향을 끼쳤다고 해도 과언이 아니다. 당시 러시아-우크라이나 전쟁뿐 아니라 가뭄, 홍수, 화재 등 환경문제가 촉발한 재해 때문에 상품 생산과 공급에 큰 차질이 생겼다. 상품을 수급하는 것 자체가 어려워 대형 마트 매대가 비어 있는 일도 다반사였고, 물류 비용 또한 급상승해 기업의 비용 부담이 엄청나게 커졌다. 보통 일주일 안에 배송되던 상품이 2~3개월 뒤 도착하는 경우도 심심치 않았다. 이런 상황은 글로벌 공급망에 생긴 이슈의 물결 효과Ripple Effect[5]를 보여주며 그만큼 기업이 환경과 지속 가능성을 고려해야 한다는 사실을 시사한다.

셋째, 2022년부터 시작된 인플레이션과 금리 인상, 경기 침체에 대한 전망 등 사회경제적 환경의 변화에 따라 소비자가 변화한 것 역시 기업이 소셜 임팩트를 수용해야 할 필요성을 높였다. 경제적 여력이 현저히 줄어들면서 소비자는 신상품을 구매하는 횟수를 줄이고 고쳐 쓰고 재활용하며 신상품 대신 중고 제품을 구매한다. 한국에서도 2022년

하반기부터 냉파(냉장고 파먹기), 무지출 챌린지(하루 동안 소비를 하지 않는 챌린지) 등의 경향이 강해졌는데, 이러한 자발적 비소비 양상 또한 소비자가 얼마나 소셜 임팩트에 관심을 가지고 있는지 보여준다. 한편 플라스틱 안 쓰기, 친환경 소비, 모피 사용 반대와 동물 윤리 강화, 성 중립, 공정, '돈쭐 내기' 등 제품 및 서비스 소비를 통해 자신의 신념이나 가치를 표현하는 미닝 아웃Meaning Out이 증가하고 있는데, 이는 일종의 과시적 비소비로 보기도 한다.[6]

이제 소비자는 친환경을 위해 기꺼이 지갑을 연다. 일반 상품의 가격이 1,000원이라고 가정했을 때 1,590원을 주고서라도 친환경 상품을 사는 식이다. 2022년 4월 발표한 IBVIBM Institute for Business Value(비즈니스 가치 연구소) 연구[7]도 소비자의 변화를 고려해 기업이 소셜 임팩트를 수용해야 할 필요성을 뒷받침한다. 소비자 1만 6,000명을 대상으로 한 조사 결과에서 51%의 소비자가 1년 전보다 환경의 지속 가능성에 대해 더 중요하게 생각하고 있다고 답했다. 더 중요한 점은 49%가 친환경 상품에 더 많은 돈을 지불했고, 그 프리미엄이 평균 59%나 되는 것으로 나타났다는 사실이다. 이 연구는 많은 소비자 연구가 소비자의 의향intent을 조사한 데 비해, 실제 구매 행동action을 지표로 삼았다는 데 의미가 있다.

마지막으로 인재를 확보하는 데도 환경 이슈를 고려하는지 여부가 중요해졌다. 환경 관련 지속 가능성을 고려하는 조직에 지원할 의향이 있다고 답한 비율은 69%, 실제로 그러한 조직에 입사를 수락한 비율이

68%에 다다른다. 투자자의 경우에도 투자 포트폴리오에 환경 관련 지속 가능성 고려 여부를 반영하는 비율이 2021년 48%에서 2022년 62%로 증가했다. 즉 비즈니스, 소비자, 인재 확보, 그리고 투자 유치 등 다양한 측면에서 지속 가능성이 과거 그 어느 때보다도 중요해진 것이다.

'나'가 중요한 밀레니얼, '우리'가 중요한 Z 세대

Z 세대가 이전 세대보다 기업의 사회적 책임과 환경, 지속 가능성을 중요하게 생각한다는 것은 잘 알려진 사실이다. 그런데 알파 세대를 중심으로 DEI가 더 중요한 영역으로 부상했다는 점을 인식하고 이를 기업에 반영하는 노력이 필요하다.

117쪽에 YPulse가 2022년 발표한 밀레니얼 세대와 Z 세대가 선호하는 브랜드 랭킹을 보자. 이 조사는 브랜드의 '쿨한 정도'를 측정 지표로 삼았는데, 의미 있는 변화가 포착되었다. 조사 결과 Z 세대와 밀레니얼 세대 사이에 친환경에 대한 시각 차이가 드러났기 때문이다. 친환경 기업으로 오랜 명성을 유지했지만 Z 세대와는 조금은 거리가 있어 보이는 파타고니아가 Z 세대가 뽑은 쿨한 패션 브랜드 13위에 올랐다. 그런데 밀레니얼 세대 랭킹에는 파타고니아가 포함되지 않았다. 이 결과는 Z 세대가 기업의 사회적·환경적 책임에 관심이 높을 뿐 아니라, 그러한 접근이 트렌디하고 쿨하다고 생각한다는 사실을 의미한다. 이는

쿨한 패션 브랜드 랭킹

Z 세대(13~21세)	밀레니얼 세대(22~39세)
1위 나이키	1위 나이키
2위 조던	2위 조던
3위 반스	3위 아디다스
4위 수프림	4위 수프림
5위 아디다스	5위 반스
6위 컨버스	6위 노스페이스
7위 핫토픽	7위 컨버스
8위 아마존	8위 언더아머
9위 쉬인	9위 아마존
10위 크록스	10위 퓨마
11위 챔피언	11위 타깃
12위 언더아머	12위 피크
13위 파타고니아	13위 리바이스
14위 홀리스터	14위 쉬인
15위 노스페이스	15위 볼컴

출처_YPulse(2022)

밀레니얼 세대는 '나'가 더 중요한 세대인 데 반해, Z 세대는 '우리'가 더 중요한 세대라는 특성 때문이라고 해석할 수 있다. Z 세대의 소셜 액티비즘(타인과 협력해 사회를 변화시키기 위한 선택과 행동)이 이전 세대에 비해 더 활성화되었기 때문이다. 이전 세대보다 개인의 행동이 환경문제에 결정적 영향을 미칠 수 있다고 더 확고하게 믿는 세대이며, 이를 소셜 미디어를 통해 행동으로 표현하는 클릭티비즘Click-Tivism 세대로도 평가된다.[8] '클릭click'과 '행동주의activism'를 합한 '클릭티비즘'은 온라인 청원 서명, 소셜 미디어에서 인식 제고 게시물 공유, 특정 해시태그 사용 등 인터넷에서 간단하고 신속하게 한번의 클릭으로 사회적 또는 정치적 이슈에 대해 의견을 드러내는 온라인 행동주의의 한 형태다.

클릭티비즘은 디지털 시대에 전적으로 성장한 첫 번째 세대인 Z 세대와 관련이 있는데, 이는 디지털 도구와 소셜 미디어에 친숙한 Z 세대가 관심 있는 대의를 지지하기 위해 온라인 활동에 참여하는 경향이 커졌기 때문이다. 실제로 2020년 조지 플로이드 살해 사건이 알려졌을 때 인스타그램에는 2,800만 개가 넘는 검정 사각형 포스팅으로 #블랙아웃튜즈데이#BlackoutTuesday라는 운동을 벌였다. 그만큼 Z 세대는 온·오프라인을 넘나들며 액션과 클릭티비즘으로 자신들의 견해를 적극적으로 표현한다.

알파 세대의 경우는 어떠할까? 아직 어린 나이를 고려할 때 이들의 온라인 행동과 행동주의 패턴을 단정하기는 이르다. 하지만 첨단 기술과 디지털 플랫폼에 둘러싸여 성장하면서 인터넷과 소셜 미디어를 행동주의에 활용하는 트렌드를 이어갈 가능성이 매우 높다. 이들이 Z 세대와 같은 정도로 클릭티비즘에 참여할지, 아니면 이러한 이슈에 관심을 가질 나이가 되었을 때 새로운 형태의 온라인 행동주의가 등장할지는 아직 지켜봐야 한다.

소셜 임팩트와 관련해서 더 주목할 점은 인권과 다양성에 대한 의식은 오히려 잘파 세대가, 특히 10대가 더 높다는 것이다. 알파 세대는 이미 디지털 문화 속에서 세상을 보는 관점을 넓히고 다양성의 가치를 자연스럽게 체화한 이들이다. 어릴 적부터 사회 이슈에 대해 적극적으로 의견을 피력하고 영향력을 행사하는 것도 알파 세대의 특성이다. 한 예로 미국 10대가 다른 세대보다 흑인 인권 운동인 BLM 운동을 더 적극

잘파 세대는 인권과 다양성에 대한 인식이 높고 이를 적극적으로 표출한다.

적으로 지지하는 것으로 나타났다.[9] 강하게 또는 어느 정도 지지하는 비율이 13~17세는 70%, 그 이상 세대는 57%였다. 좀 더 깊이 들여다보면 미국 민주당을 지지하는 10대가 일반 어른보다 8% 더 높은 비율로 BLM 운동을 지지하고, 미국 공화당을 지지하는 10대가 정치 성향이 같은 어른보다 20% 더 높게 BLM 운동을 지지하는 것으로 나타났다.

소셜 임팩트로 울고 웃는 기업들

앞서 언급한 파타고니아가 보여주는 친환경과 소셜 임팩트에 대한 진정성은 익히 알려져 있다. 소셜 임팩트를 기업 미션으로 삼은 것뿐 아니라 원단 소싱과 생산, 유통, 프로모션, 수익금 기부까지, 비즈니스 각각의 요소에 반영해 오랜 시간 실천해왔다. 파타고니아는 매년 판매 금액의 1%를 친환경 소재 소싱 등에 기부하는 등 다양한 친환경 활동을 해왔다. 그런데 2022년 9월 CEO 이본 슈나드Yvon Chouinard는 글로벌 환경 위기와 생태계 파괴를 막기에는 역부족이라고 판단하고 쉽지 않은 결정을 내렸다. 파타고니아를 두 조직에 넘길 것을 발표한 것인데,[10] 30억 달러(약 4조 원) 가치를 지닌 회사의 주식은 파타고니아 퍼포스 트러스트Patagonia Purpose Trust 재단으로, 회사의 소유권은 홀드패스트 컬렉티브Holdfast Collective라는 NGO에 넘긴다는 계획이다. 홀드패스트 컬렉티브는 환경 위기에 대처하고 자연을 보호하기 위해 설립된 NGO다.

즉 사익을 추구하는 대신 지구환경을 보호하는 데 전력투구하기 위해 어렵게 결단을 내린 것이다.

그 외 글로벌 기업 중 소셜 임팩트에 '진심'인 기업은 어떤 기업일까? 2023년《포브스》는 소셜 임팩트 랭킹Best

RANK ∧	BRAND
1.	REI
2.	Subaru
3.	H-E-B
4.	Trader Joe's
5.	Sony
6.	Apple
7.	Publix Super Markets
8.	USAA
9.	Harley-Davidson
10.	Wegmans Food Markets

소셜 임팩트 기업 순위.

Brands for Social Impact 2023을 발표했다. 시장조사 회사 헌드레드X HundredX와 함께 미국 소비자 10만 명을 대상으로 2022년 2월에서 2023년 3월까지 1년여 동안 약 2,000개 브랜드의 가치, 신뢰, 사회적 입장, 지속 가능성, 커뮤니티 서포트 등 네 가지 서브 항목에 대해 평가하고 총합으로 랭킹을 선정했다.

이 랭킹에서 1위 차지한 REI는 1938년 시애틀에서 창립된 아웃도어 리테일러다. REI는 친환경을 비즈니스의 핵심으로 삼고 다양한 정책을 실천해왔다. 2025년까지 제로 웨이스트를 달성할 계획으로,《포브스》소셜 임팩트 랭킹에서 1위를 차지했을 뿐 아니라, 사회적 입장과 지속 가능성 카테고리에서 1위를 차지했고, 커뮤니티 서포트에서도 전체 브랜드 중 4위를 차지했다. 매장과 물류 센터는 100% 재생산 전기로 운영하는 한편, 450여 개의 조직과 파트너십을 맺고 공공 부지와 아웃도어 공간을 보호하기 위한 노력을 펼쳐왔다. 2023년에 발표한 프로덕트 임팩트 스탠더드Product Impact Standards에는 온실가스 배출 측정 의무와 가스 감소 목표, 다양한 사이즈와 모발 타입에 따른 가격 평등성이 포함되고, REI 공급 업체 중 쿡웨어와 섬유업체에 2024년까지 화학물질 PFAS 배제를 의무 사항으로 요청했으며, 나머지 섬유도 2026년까지 사용을 금지할 것을 표명했다.[11] REI는 다른 브랜드와 달리 소비자 협동조합으로 2,150만 명의 소비자가 참여했으며, 42개 주에서 181개 매장을 운영하고 2021년 기준 38억 5,000만 달러(약 50조 1,000억 원)의

REI는 블랙프라이데이에 직원들을 위해 매장을 닫는다.

매출을 기록했다.

REI는 직원을 세심하게 배려하는 회사로도 유명한데, 대표적인 예가 블랙프라이데이에 시행한 #옵트아웃사이드^{#OptOutside} 캠페인이다. 블랙프라이데이를 기점으로 미국에서는 연말까지 대대적인 쇼핑 시즌이 시작되는데, 직원들이 매장에서 근무하는 대신 가족이나 친지와 함께 밖에서 시간을 보내도록 하기 위해 블랙프라이데이 당일 매장을 닫은 것이다. 이는 REI가 매출도 중요하지만 직원에 대한 처우 또한 중요하게 생각한다는 사실을 보여준다.

식품 리테일러 H-E-B(3위), 트레이더조(4위),[12] 퍼블릭스^{Publix}(7위)도 상위에 랭킹되었다. 미국인이 가장 좋아하는 식료품 리테일러 1위를 차지하기도 한 트레이더조[13]는 지속 가능한 방식으로 조달한 건축 자재, 에너지 효율이 높은 LED 조명, 냉장 시스템을 개선하는 한편, 새로운 물류 창고를 개설해 운송 거리를 줄이고 전기 배송 트럭 100대를 주문했다. 창립 초기부터 합성색소나 인공 향료를 일절 사용하지 않은 3,400여 개 상품을 판매하는데, 이 중 약 23%가 유기농 제품으로 환경을 고려한 방법으로 생산한 PB다. 지금까지 1,200만 파운드의 플라스틱 패키징을 없앴고, 식품 쓰레기를 줄이고 자원을 효율적으로 관리하는 등 다양한 친환경 노력에서 앞장서왔다. 참고로 트레이더조는 독특한 브랜드 정체성과 상품 구성, 저렴한 가격, 친절한 직원 등의 강점으로 2022년 브랜드 친밀도^{brand intimacy}에서 내로라하는 대형 마트를 제치고 1위를 차지했다.[14]

플로리다를 기반으로 하는 퍼블릭스는 직접 설립한 자선단체를 통해 어린이를 대상으로 하는 자원봉사 단체 빅 브러더스 빅 시스터즈Big Brothers Big Sisters와 스카우트 프로그램 등 다양한 비영리단체를 지원한다. 기아 퇴치, 피딩 아메리카Feeding America(미국 내 기근을 퇴치하기 위한 단체), 스페셜 올림픽 등 여러 캠페인을 진행한다. 2022년 12월 기준 매출 545억 달러(약 72조 원)를 기록했고, 고객 서비스 1위로 선정되는 대표적 리테일러이기도 하다. 퍼블릭스에 대해서는 필자 개인적으로도 좋은 기억이 많다. 쇼핑을 하면 직원이 주차장까지 짐을 실어주는 서비스를 제공하는가 하면, 60세 이상 시니어 소비자에게 5% 할인 혜택을 제공하는 등 세심하게 배려하는 모습이 인상적인 슈퍼마켓이다.

이처럼 성공적으로 소셜 임팩트를 실천하는 기업이 있는가 하면 의도치 않은 실수로 곤욕을 치르는 기업도 있다. 실제로 무례한 말이나 행동으로 소비자에게 한순간에 외면받는 기업이 많다. 다음 몇 가지 사례에서 반면교사의 교훈을 얻을 수 있을 것이다.

- H&M이 한 광고에서 스웨터를 입은 흑인 아이를 '정글에서 가장 쿨한 원숭이Coolest Monkey in the Jungle'라고 표현.
- 하이네켄 맥주 미국 광고에서 맥주가 몇몇 흑인을 거쳐 날씬한 여성에게 도착하는 장면을 보여주곤 '가끔은 가벼운 게 더 나음Sometimes, lighter is better'이라는 문구를 보여줌.
- 펩시 광고 중 유명 모델 켄달 제너Kendall Jenner가 경찰과 시위자들이 대

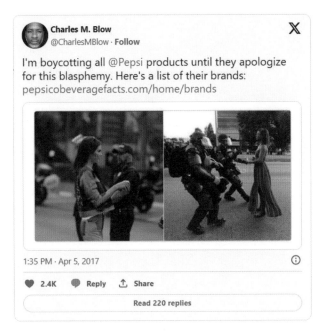

DEI 관련 논란을 촉발한 펩시 광고.

치하는 상황에서 펩시 캔을 전달하는 장면은 민감한 사회적 이슈를 소프트 드링크 한 잔으로 해결할 수 있는 가벼운 문제로 취급했다는 비판을 받음.

• 아마존에서 공정한 고용을 위해 도입한 AI 알고리즘은 남성 직원들의 이력서를 기반으로 개발했기 때문에 그 자체가 남성 편향성을 띠게 됨.

이런 사례를 통해 DEI 등 소셜 임팩트를 많은 소비자가 관심 있게 지켜보고, 불합리한 기업 활동에 대해선 적극적으로 반대 의사를 표현함을 알 수 있다.

소셜 임팩트 차별화 전략을 세워라

소셜 임팩트는 사회적 측면에서 중요하지만 기업 입장에서는 수익에 얼마큼 기여하는지가 관건이다. 기업 운영에 중요한 부분을 차지한다는 점을 인지하더라도 성과로 연결되지 않을 경우 지속적으로 투자하는 것이 쉽지 않기 때문이다. 그러므로 다음과 같은 점을 전략적으로 고려할 필요가 있다.

첫째, 잘파 세대를 대상으로 할 때, Z 세대에게는 지속 가능성을, 알파 세대에게는 DEI를 강조하는 것이 효과적이다. 앞서 언급한 것처럼 Z 세대는 기후 위기와 지속 가능성에 큰 관심을 가지고, 자신들의 관심을 클릭티비즘으로 적극적으로 행사한다. 지속 가능성을 강조한 파타고니아와 REI, 트레이더 조 등 다양한 브랜드가 특히 Z 세대에서 단단한 브랜드 팬덤을 만들었고, 파타고니아가 '쿨'한 브랜드로 인식되는 이유이기도 하다.

그런데 기업들이 소셜 임팩트로 Z 세대에게 어필할 때 클릭티비즘을 좀 더 활용할 필요가 있어 보인다. 특히 최근에는 온·오프라인에서 동시에 하이브리드 형식으로 기후 위기와 관련된 글로벌 행사를 여는 경우가 늘어났다. 이 같은 움직임에서 Z 세대가 주도적인 역할을 하고 있고, 이런 형식의 커뮤니케이션이 성공적인 비즈니스 모델로도 등장하곤 한다. Z 세대에 해당하는 17세 젠크 오즈Jenk Oz가 창업한 스레드 미디어Thred Media는 17개국 언어로 130여 개국, 211개 지역의 Z 세대에 어필해 클릭티비즘을 통해 사회적 변화를 이끌어내는 역할을 톡톡히 하면서 많은 상과 주목을 받았다. 젠크는 "'좋아요'가 세상을 바꿀 수 있을까-클릭티비즘의 힘'이라는 제목으로 세 차례의 테드TEDx 강연을 진행했으며 전 세계 콘퍼런스에서 연설을 했고, W3 어워드, 국제 데이비 어워드, 아마존 AWS 액티베이터 어워드 등 여러 상을 수상했으며 글로벌 키즈스크린 어워드 최종 후보에 올랐다. 즉 디지털 환경에서 실제적 활동, 클릭티비즘을 통해 자신의 생각과 행동을 표현할 수 있는 장을 제공하는 것은 Z 세대를 대상으로 하는 소셜 임팩트 커뮤니케이션 전략이 될 수 있다.

알파 세대는 3세부터 브랜드 선호를 표현한다고 한다.[15] 이들은 특히 기존의 고정관념을 거부하고 포용을 실현하는 것에 대한 기대를 가지고 있어, 브랜드들이 지속 가능성뿐 아니라 다양성, 평등, 포용에 관한 메시지를 고민할 필요가 있다. 알파 세대는 태어났을 때부터 Z 세대보다 DEI에 더욱더 관심이 많은 세대이기 때문이다. 미국 센서스 US Census에 따르면[16] 역사적으로 가장 다양성이 높은 알파 세대 중 특히 12~15세에게는 포용과 타인을 돕는 것이 제일 우선시되는 덕목이고, 60%가 넘는 비율로 평등한 취급을 원한다. 2023년 실시한 조사에 따르면 7~9세 알파 세대의 96%는 외모와 상관없이 모든 사람이 공평하게 대우받아야 한다고 생각하고 있다.[17] 즉 기업들은 아직은 어려 보이는 알파 세대라고 하더라도 이들을 유념해 소셜 임팩트를, 특히 포용과 다양성에 관한 활동을 하고 이를 적절히 소통해야 한다.

디지털 환경에서 포용적인 분위기를 조성하기 위해 미국의 대표적인 통신 회사 버라이즌Verizon은 디지털 공평 프로그램Digital Equity Program을 론칭했다.[18] 미국은 지역적 특성상 인터넷망이 구축되지 않거나 기기를 소유하지 않는 가구도 많다. 하이스피드 인터넷에 접근이 불가한 수가 무려 1450만 명에 이르고, 저소득층 중 24%가 스마트폰이 없으며, 41%가 랩톱·데스크톱 컴퓨터가 없다. 이렇게 디지털 연결성, 디지털 리터러시의 격차가 커지는 문제를 해결하기 위해 초·중·고등학교와 지역, 주 정부, 비영리 조직과 함께 디지털 기술 트레이닝, 모바일 핫스폿, 스마트폰과 랩톱, 태블릿 등을 제공한다는 것이다. 이미 2023년 300만 명의 학생에게 디지털 기술 트레이닝을 제공했고,[19] 2030년까지 1,000만 명으로 확대할 계획이다. 2012년부터 운영해온 버라이즌 이노베이티브 러닝Verizon Innovative Learning 프로그램을 통해 디지털 평등과 포용에 기여해왔다.

최근 패션 업계에서는 DEI를 적용한 사례들이 돋보인다. 성별 구분이 없는 상품 라인을 론칭한다거나 관련 매장을 오픈하는 브랜드가 늘고 있다. 더 플루이드 프로젝트The Phluid Proejct는 2018년 액티비즘, 포용과 교육을 미션으로 창업한 브랜드인데, 창업자 롭 스미스Rob Smith는 메이시스와 빅토리아 시크릿에서 임원을 역임한 패션 전문가다. 2018년

뉴욕에 오픈한 매장은 세계 최초의 젠더프리gender-free 매장이다. 더 플루이드 프로젝트에서 판매되는 모든 상품은 성 중립적인gender-neutral 제품으로, 상품 진열도 성별에 따라 구분되는 것이 아니라 스타일별로 구분된다. '편견과 평가가 존재하지 않는judgement free' 유연한 공간이 매장이 추구하는 콘셉트다. 더 플루이드 프로젝트의 향수는 세포라에서도 판매될 정도로 인기가 있다.

DEI는 비단 현실 세계뿐 아니라 가상 세계에서도 중요한 이슈인데, 과거 메타버스 사례였던 세컨드 라이프Second Life에서도 가상 공간에서의 성적 이슈, 폭력 사건 등이 일어났고, 한국에서도 인공지능 챗봇 이루다 론칭 초기에 성 소수자 차별 발언 등으로 논란이 있었고, 기업의 대응이 특히 중요했던 사례가 있었다. 이미, 그리고 향후에도 가상 세계에서 주도적인 역할을 할 알파 세대를 염두해서 가상 환경에서의 DEI를 고민할 필요도 있다. 랄프 로렌의 경우, 로블록스에서 오픈한 윈터 이스케이프Winter Escape에서 사용자들이 가상으로 겨울옷을 입어보는 공간을 제공했는데, 이를 젠더프리 아이템으로 제공했다.

알파 세대 역시 기업이 기후변화에 대응하고 지속 가능한 비즈니스 관행을 실현하기를 기대한다. 6~9세 어린이의 67%가 지구를 구하는 데 도움이 되는 직업에 종사하고 싶다고 답하기도 했다.[20] 종합하면 당장은 투자 대비 수익성이 보이지 않을 수는 있지만 조만간 사회로 나올 알파 세대를 감안해 지속 가능성에도 DEI를 고려할 필요가 있다.

둘째, 경우에 따라서는 일부 소비자가 반발하더라도 뚝심 있는 소

뉴욕에 위치한 더 플루이드 프로젝트는 세계 최초 성별 구분이 없는 '젠더프리' 매장이다.

셜 임팩트 활동이 필요하다. 브랜드의 진정성을 보여주고 팬덤을 형성할 수 있기 때문이다. 나이키가 대표적인 사례다. 나이키가 2018년 창립 30주년 기념 광고모델로 미국 미식축구^{NFL} 선수 콜린 캐퍼닉^{Colin Kaepernick}을 기용하겠다는 결정을 해 엄청난 논란이 되었다. 2016년 콜린 캐퍼닉이 경기 전 미국 국가가 울려 퍼지는 동안 서 있기를 거부하며 국가에 대한 예의를 갖추지 않았다는 평가 때문이다. 콜린 캐퍼닉은 당시 경찰에게 죽음당한 흑인들을 추모하는 의미에서 경기장에서 처음엔 앉았다가 나중에는 한쪽 무릎을 세웠다. 이후 인터뷰에서 콜린은 유색인종을 억압하고 차별하는 나라의 국기에 경례할 생각이 없다고 밝혔다. 이런 사실을 알고 있었음에도 나이키가 콜린을 모델로 기용하기로 한 것이다.

나이키 브랜드 부사장 지노 피사노티^{Gino Fisanotti}는 당시 "우리는 콜린이 이 세대의 선수 중 가장 공감 능력이 있는 선수라고 믿는다. 그만큼 스포츠의 힘을 바탕으로 세상이 좀 더 나은 방향으로 나아가게 한 선수다"라며 콜린을 모델로 기용한 이유를 설명했다.

하지만 콜린을 모델로 고용한다는 결정이 알려지자 나이키 주식은 2%나 떨어졌고,[21] 많은 이들이 나이키 신발과 나이키 로고를 찢어버리는 모습을 담은 동영상을 #JustBurnIt(그냥 불태워버려), #BoycottNike(나이키 보이콧하기) 해시태그와 함께 트위터 같은 소셜 미디어에 올렸다. 반면 유명 농구 선수 르브론 제임스와 테니스 선수 세리나 윌리엄스를 포함한 유명인의 찬사를 받았다. 당시 대통령이던 트럼프 대통령은 콜린

컨트리 가수 존 리치는 나이키 로고가 잘린 양말 한 켤레의 사진을 트위터에 업로드했다.

미국에서 커다란 논란을 초래한 콜린 캐퍼닉을 모델로 내세운 나이키 30주년 기념 'Just Do It' 캠페인.

과 함께한 NFL 선수들을 공격하는 언사를 하기도 했다. 이후 콜린이 자유계약 상태가 되었을 때 계약하기를 원하는 팀은 없었고, 이에 콜린은 NFL의 소유주가 뒤에서 영향력을 행사했을 가능성에 대해 불만을 제기하기도 했다.

그런데 광고를 론칭한 후 의외의 현상이 나타났다. '상상 이상의 꿈을 꾸어라Dream Crazy'를 테마로 '어떤 것에 믿음을 가져라. 비록 그것이 모든 것을 희생하는 것을 의미할지라도Believe in Something. Even If It Means Sacrificing Everything'의 슬로건을 내건 광고는 성공적이었다. 광고를 한 지 얼마 되지 않아 기록적인 소비자-브랜드 관여가 일어났고, 상품 판매도 늘었으며,[22] 소비자의 관여는 사회적 면과 커머셜적 면 모두에서 트래픽 증가로 이어졌다. 게다가 콜린을 기용한다고 발표했을 때 떨어진 주가가 바로 5% 가까이 상승하며 60억 달러(약 8조 원)의 시장가치를 기록하는 데 기여했고, 이후 에미상 중 하나인 크리에이티브 아트 에미즈Creative Arts Emmys 광고상까지 수상했다.[23]

이렇게 나이키는 액션을 통해 브랜드 가치를 효과적으로 각인시키는 데 성공했고, 진정성과 브랜드 팬덤을 강화할 수 있었다. 사실 나이키는 콜린을 모델로 한 광고를 하기 전에도 무하마드 알리가 은퇴한 후 그를 지지하는 등 일관성 있는 모습을 보여주었다.

나이키는 브랜드의 미션과 가치를 일관성 있고 정당한 근거를 가지고 행동으로 실천해왔기 때문에 팬덤이 유지될 수 있었다. 이는 브랜드의 정체성을 더 중요하게 생각하는 젊은 소비자를 염두에 둔 영리한 전략이었다. 아마존 광고 부문이 시장조사 회사 인바이러닉 리서치Environics Research를 통해 실시한 글로벌 '2022 하이어 임팩트2022 Higher Impact' 조사에서 지속 가능성이 글로벌 소비자가 가장 고려하는 부분이고, 특히 젊은 세대가 지속 가능성과 DEI를 중요하게 생각하고 있다는 사실이 밝혀졌다. 또 51%의 소비자가 기업이 말보다 '행동'으로 보여주기를 바라고 있음이 드러났다.[24] 이러한 결과에서 알 수 있듯 나이키처럼 장기적 관점을 가지고 뚝심 있는 행보로 진정성을 구축하고 이를 적절히 소통하는 전략이 필요하다.

둘째, 실리적 면에서 소셜 임팩트를 활성화하기 위해 가격 책정에도 유의해야 하는데, 특히 지속 가능한 소비를 장려하는 데 승수효과Multiplier Effect, 즉 멀티플라이어 효과를 고려해야 한다. 승수효과는 상품 품질, 지불 가능한 가격/가격 대비 가치, 개인 소비의 영향력을 만들 수 있는가에 대한 이해 정도 등 세 가지 요소로 구성된다.

우선 가격만 생각해보자. 인플레이션과 물가 상승으로 경제적 여유가 줄어든 소비자에게 지불할 만한 가격affordability이 가장 중요할 것이다. 그런데 승수효과 관점에서 보면, 가격에만 집중하는 것보다 상품 품질과 소비자의 이해까지 아우르는 통합적 접근이 효과적이라는 것이다. 이를 뒷받침하는 IBM 글로벌 조사를 보면 상품 품질, 지불 가능한 가격/가격 대비 가치, 개인의 소비 영향력 이 세 가지의 개별 영향력은 낮지만 모두 결합했을 때 소비자가 지속 가능한 구매 활동을 할 의향이 83%로 크게 높아졌다. 즉 지속 가능한 소비를 장려하기 위해서는 여러 가지 요소를 고려하여 가격을 책정해야 한다.

승수효과 전략은 Z 세대를 포함한 젊은 소비자를 공략하는 데 효과적이다. 이는 Z 세대가 가진 이중성 때문이기도 하다. 앞에서 언급한 것처럼 Z 세대는 이전 세대보다 지속 가능성과 환경을 고려하지만, 실제적인 소비에서 물질주의를 추구하면서도 실용적인 면을 고려한다. 즉 환경을 중요하게 생각하지만 여전히 패스트패션을 구매하는 경향도 이 때문이다. Z 세대가 온라인 중고 거래 플랫폼 포시마크[Poshmark]나 스리프트코어[Thriftcore] 등 리세일에 진심인 이유도 지속 가능성과 지불 가능성 모두 중요하게 생각하기 때문이다.[25] Z 세대의 구매를 더욱 촉진하기 위해서는 개인의 소비가 사회적으로도 영향을 미칠 수 있다는 이해를 높인다면 승수효과 개념에 기반해 매출을 더 높이는 전략이 될 수

지속 가능한 소비를 촉진하는 승수효과

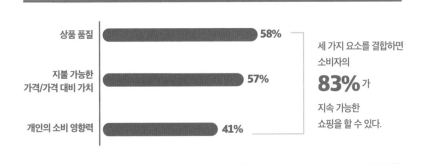

상품 품질 — 58%
지불 가능한 가격/가격 대비 가치 — 57%
개인의 소비 영향력 — 41%

세 가지 요소를 결합하면 소비자의 **83%**가 지속 가능한 쇼핑을 할 수 있다.

출처_IBM(2022)

있다.

마지막으로 기업의 전략에 성장 마인드셋growth mindset을 도입해야 한다. 성장 마인드셋이란 타고난 재능에 국한되지 않고 노력을 통해 성장할 수 있다는 마음가짐과 태도를 일컫는다. 끊임없는 도전을 통한 무한한 성장 가능성을 제시하는 이 성장 마인드셋을 기업에도 적용할 필요가 있다. 장기적인 관점에서 진정성을 구축하기 위해 지속적으로 노력하고 고객들과 소통해야 한다는 뜻이다. 생각해보면 역사 속에서 이런 위기가 한두 번 있었던 것이 아니다. 즉 우리가 맞이한 불확실과 위기는 영원한 위기라기보다 한시적 위기다. 이런 시기에 오히려 혁신과 소셜 임팩트에 투자하면 위기가 지나갔을 때 성과를 낼 수 있다. 과거 맥킨지가 2008~2009년 글로벌 경제 위기 속에서도 혁신에 투자를 지속했던 기업을 추적해보니 경제 위기 이후 3~5년간 시장 평균 성장율보다 30% 이상의 성과를 냈다. 기후변화 등 ESG에 관련된 노력 같은 가치에 기반한 소셜 임팩트 전략도 유사한 양상을 보일 것으로 기대할 수 있다.

그렇다면 소셜 임팩트와 관련해 기업이 어떻게 자신의 진정성을 수립할 것인가? 사실 가장 근본적이면서도 중요하고 어려운 문제다. 예를 들어 DEI를 외부에 알리기 위해 소수 그룹(여성, 흑인, 아시아인 등)에 속하는 사람을 최소 인원으로 고용하는 것은 소수 집단의 일부만 받아들여 구색만 갖추는 브랜드 토크니즘brand tokenism 또는 기업이 사회적 문제나 가치에 대해 깨어 있는 척만 하는 워크 워싱woke washing으로 인식될 수 있고, 결국 진정성을 수립하기 어려워진다. 사실 경기 침체와 불확실성에 대한 우려가 커지면 기업이 소셜 임팩트에 대한 관심과 투자를 줄이기 쉽다.

미국의 경우, 2020년 조지 플로이드 살인사건으로 흑인 인권 보호 운동이 BLM 운동으로 확대되며 관심이 늘어나자 많은 기업이 팬데믹 중임에도 DEI에 투자했다. 하지만 최근 들어 관심과 투자가 줄어들었는데, 2023년 맥킨지에 따르면[26] 2020년에 비해 2021년에는 인종 간 평등racial equity에 대한 관심과 투자가 32% 줄었고, DEI 관련 일자리도 19%가 줄었다. ESG도 비슷한 양상을 띤다. 2022년 KPMG의 조사에서는[27] CEO 중 70%는 ESG가 재정적인 성과를 향상시킨다고 인식하지만, 59%는 ESG 관련 활동을 중단하거나 다시 고려해볼 것이라고 답했다. 가장 큰 이유는 역시 재정적 압박이다. 단기적인 시각에서는 그만큼의 투자나 고려를 하는 대신, 당장 필요한 사업과 마케팅에 투자하는 것이 더 나아 보일 수 있기 때문이다. 하지만 이런 접근은 변화하고 있는 비즈니스 환경에서 더 이상 유효하지 않다. 즉 장기적인 노력이 진정성을 수립할 수 있는 가장 바람직한 방법이다.

진정성 수립 방법의 실마리를 얻기 위해 학계 논문을 참고하는 것도 좋은 방법이다. 한 예로 알로띠, 존슨, 홀로웨이(2016)[28]는 소비자의 기업의 CSR에 대한 인식에 영향을 미치는 요인으로 적합도fit, 영향impact, 그리고 레퍼레이션reparation임을 알아냈고, CSR에 대한 소비자 로열티와 구매 의향에 의미 있는 매개효과를 내는 것을 밝혀냈다.

적합도는 기업의 CSR 이니셔티브가 기업 자체와 얼마나 적절히 어울리는지, 유사한 맥락을 가지는지 등을 의미한다. 영향은 해당 기업의 CSR 이니셔티브가 장기적 영향을 발휘할 수 있을 것인가에 대한 평가를 말한다. 레퍼레이션이란 해당 기업이 잘못을 행하거나 부정적 여론이 형성되었을때 명백한 사과를 하거나 구체적인 보상, 관련 정보를 즉시 제시하고 소비자의 감정을 고려하는 등의 행동을 의미한다. 이러한 세 가지 단서를 토대로 소비자는 소셜 임팩트를 행하는 기업의 진정성을 평가한다. 진정성이 구축되면 기업에 대한 신뢰도 또한 높아진다.

이를 실무에 적용하면 CSR이나 DEI 이니셔티브를 추구할 때 당시 사회의 트렌디함을 좇아가는 것처럼 보여선 안 된다. 자칫하면 밴드웨건band wagon(트렌드에 올라타는 편승 현상)으로 인식되어 진정성을 의심받을 수 있다. CSR이나 DEI 이니셔티브는 그것이 옳기 때문에 하는 것이라고 강조해야 하고 그것이 사회에 어떤 긍정적인 영향을 끼칠 것인지 구체적으로 설명하는 것이 필요하다. 이를 위해 회사 홈페이지에서 비디오, 사진, 수치 등을 구체적으로 보여주어야 한다.

기업이 CSR 선언, DEI 이니셔티브 발표 등 착한 행보를 보인 뒤 윤리적 문제를 일으키면 소비자는 더 크게 분노한다. 진정성을 구축하지 못하는 것은 물론 그린 워싱이라고 인식될 뿐 아니라 기업의 위선corporate hypocrisy으로 평가되기 때문이다. 기업의 위선을 CSR 맥락에서 처음 정의하며 여러 시사점을 제공한 와그너, 러츠, 와이즈(2009)[29]의 연구는 기업의 CSR 커뮤니케이션 전략이 역효과를 내는 경우와 역효과를 줄이는 메커니즘을 보여준다.

- **연구 1**: CSR에 상충하는 행동 이전에 CSR 성명을 발표하는 사전 예방적 proactive 커뮤니케이션 전략은 사후 대응적reactive 전략보다 더 위선적이라는 평가를 받는다.
- **연구 2**: CSR 정책 선언문의 추상성abstractness을 낮추고 구체화했더니 사전적 커뮤니케이션 전략의 숨겨진 위험을 줄이고 사후적 전략의 효과를 개선할 수 있었다.
- **연구 3**: 통합적inoculation 커뮤니케이션 전략이 CSR 전략이 사전적이든 사후적이든 상관없이 지각된 위선을 감소시키고 부정적인 결과를 최소화함을 보여주었다. 여기서 말하는 통합적 커뮤니케이션이란 중간 정도의 부정적인 정보와 이에 대응하는 합리화의 정보를 함께 제공하는 것을 말한다.

미국 패션 브랜드 에버레인Everlane이 이를 반영한 사례다. 에버레인은 홈페이지와 매장에서 가격 구조 공개, 친환경과 지속 가능성을 비즈니스의 모든 부분에서 강조하는 급진적 투명성Radical Transparency을 적극적으로 소통하며 Z 세대에게 엄청난 인기를 얻었다. 그런데 2020년 의외의 사건이 벌어졌다. 에버레인의 직원이었던 사람들 사이에서 에버레인이 '독성이 가득했던 직장toxic workplace'이었다는 진술이 나온 것이다. 그동안 투명성과 지속 가능성 등 기업의 사회적 역할을 강조해온 에버레인은 한순간에 위선적 기업으로 낙인 찍히며 위기를 맞았다. 얼마 뒤, 에버레인 CEO 마이클 프레이스맨^{Michael Preysman}은 인스타그램에 긴 사과 성명을 발표했다. 이 커뮤니케이션에서 참고해야 할 점은 비록

지속 가능성을 강조해온 에버레인은 직원의 폭로 이후 구체적인 행동을 표명하는 사과 성명을 발표했다.

사후 대응적이었지만 추상적이지 않고 구체적인 행동을 명시했다는 점이다. 그는 장문의 사과 메시지에서 다음과 같은 구체적인 액션을 표명했다.

- 외부 기관과 함께 즉각적으로 인종차별 근절 트레이닝을 실시할 것.
- 익명 HR 핫라인을 만들어 직원들의 의견을 듣는 등 보다 더 안전하고 포용적인 근무 환경을 만들 것.
- 백인 중심의 관점에서 벗어나 보다 더 포용적인 커뮤니티를 만들고 이를 위해 향후 몇 주간 1) 급여 평등성 리뷰, 2) 인종차별 근절과 관련한 행동 양식개발, 3) 시니어 리더십과 팀을 대상으로 하는 워크숍 개발을 할 것이라고 언급했다. 물론, 특히 어려운 시기에 민감한 DEI 관련 논란이 일어난 것은 아쉽지만, 구체적으로 대응한 것은 바람직한 대응으로 평가할 수 있다.

이런 학계의 연구는 트렌드를 리드하지는 않지만, 중요한 사회현상을 시기적절하게 다양한 관점에서 연구해 기업이 소비자를 파악할 수 있도록 인사이트를 제공한다. 따라서 가능하다면 학계 연구를 참고하는 것도 마케팅 전략을 수립하는 데 도움이 될 수 있을 것이다.

SUMMARY

1 기업에서 소셜 임팩트를 실천할 때는 Z 세대에게는 지속 가능성을, 알
파 세대에게는 다양성, 형평성 등 DEI를 강조하는 등 세대 특성에 따라
차별화해야 한다.

2 소신 있는 소셜 임팩트 활동은 브랜드 팬덤 강화에 큰 도움이 된다.

3 가격을 책정할 때는 단순히 낮은 가격보다 상품 품질과 지불 가능한 가
격/가격 대비 가치, 개인의 소비 영향력 등 종합적인 요소를 고려해야
한다.

4 소셜 임팩트를 추구할 때는 일회성에 그치지 말고 성장 마인드셋을 통
해 장기적인 관점에서 지속적인 노력을 펼쳐야 한다.

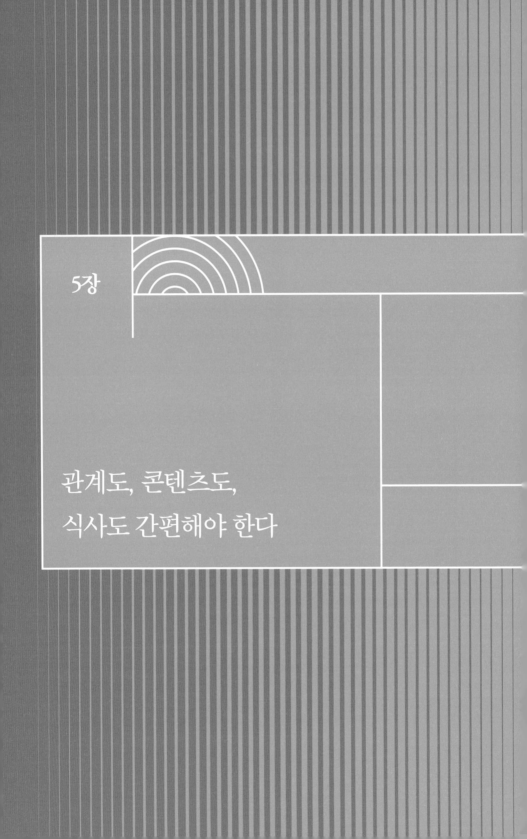

5장

관계도, 콘텐츠도,
식사도 간편해야 한다

#진지함보다는가벼움

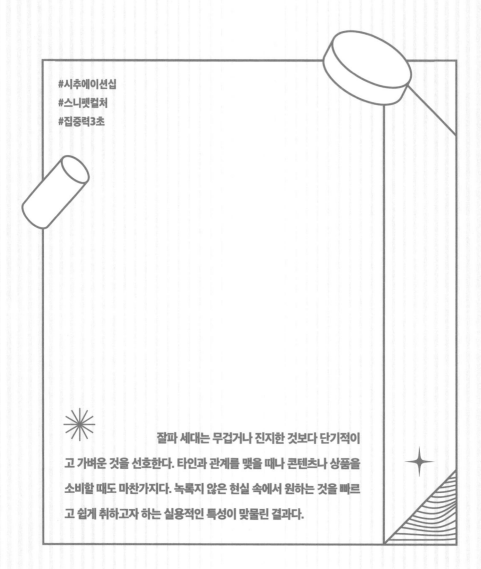

#시추에이션십
#스니펫컬처
#집중력3초

잘파 세대는 무겁거나 진지한 것보다 단기적이고 가벼운 것을 선호한다. 타인과 관계를 맺을 때나 콘텐츠나 상품을 소비할 때도 마찬가지다. 녹록지 않은 현실 속에서 원하는 것을 빠르고 쉽게 취하고자 하는 실용적인 특성이 맞물린 결과다.

여자: 우리는 무슨 관계야? 친구보다는 더 친한데 커플은 아니잖아.

남자: 시추에이션십^{situationship}이지 뭐. 서로 구속하지도 않고 필요할
   때만 만나니까.

여자: 우리 관계를 좀 정의해봐야 하지 않을까?

남자: 그것도 좋을 것 같긴 한데, 그럼 우리가 지금 느끼는 자유로움
   과 즐거움이 사라지지 않을까?

여자: 글쎄. 그럴 수도 있겠네.

자, 여러분에게 퀴즈를 내보겠다. 친구보다는 친하지만 커플은 아
닌 이 대화 속 남자와 여자의 관계는 무엇일까? 게다가 릴레이션십도

아닌 낯선 단어 '시추에이션십'은 대체 무엇일까?

시추에이션십, 관계도 가볍게

타인과의 관계를 뜻하는 릴레이션십relationship은 두 사람 혹은 그룹 사이에서 상대편을 향해 감정을 느끼고 행동하는 방식, 그리고 로맨틱한 감정을 동반하는 깊고 가까운 연결감을 의미한다.[1] 그런데 요즘 Z 세대를 중심으로 최근 부상한 관계 맺기의 양상은 다르다. 시추에이션십이라고 불리는 관계 맺기는 친구와 연인 관계의 중간 영역으로 상

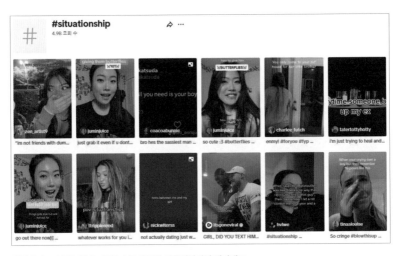

틱톡에서 30억 뷰가 넘는 조회 수를 기록한 시추에이션십 해시태그.

황situation에 따라 필요한 욕구를 충족하는, 조금은 가벼운 맞춤형 관계를 말하며, 그 자체로 트렌드가 되었다. #situationship 해시태그는 틱톡에서만 23억 뷰를 기록할 정도로 매우 큰 인기를 끌고 있다. 틱톡 내에 크리에이터와 시추에이션십 파트너가 나눈 문자메시지를 담아 관계의 양상을 보여주는 '나의 시추에이션십과 나눈 텍스트texts with my situationship'라는 서브 트렌드를 만들기도 했다. 아만다 허먼이라는 여성이 자신의 시추에이션십 파트너와 나눈 텍스트를 담은 영상은 870만 뷰(2023년 4월 기준)를 기록했을 정도다.

시추에이션십의 가장 큰 특징은 두 사람의 관계를 명확하게 정립하지 않는다는 것이다. 물론 관계를 발전시키지 않는다는 무언의 약속을 바탕에 둔다. 일반적 관계 맺기처럼 서로에게 헌신하는 데 동의하는 대신, 서로 원하는 목적에 맞게 즐거운 시간을 보내는 데 동의한다. 따라서 관계가 연애로 발전할지, 결혼까지 진행될지 등에 대한 고민이 없다.

재미있게도 시추에이션십은 팬데믹 기간에 크게 확산되었다.[2] 151쪽의 구글트렌드를 보면 미국은 물론 전 세계적으로 시추에이션십 검색량이 급격히 증가했고 최근 들어 더 증가하고 있다. 이는 팬데믹 기간에 가족, 친구, 연인, 동료, 지인과의 만남은 물론 새로운 사람을 만날 기회가 급격히 줄었고, 원격 근무와 워케이션worcation으로 생활 패턴이 예상치 않게 변화하다 보니, 장기간의 시간, 열정을 들여야 하는 진지한 관계 대신 보다 현실적이고 실용적인 목적에 따른 시추에이션십을 선호하게 된 것으로 보인다.

시추에이션십과 비슷한 듯 보이는 FWB^{Friends with Benefits}(성적 교감을 주목적으로 하는 관계)와는 어떻게 다를까? 이 둘은 감정적 발전은 배제하고 신체적 욕구 충족을 포함한다는 점에서 공통적이지만, 시추에이션십은 관계 범위 자체가 좀 더 애매모호하며 FWB보다 감정적 교류가 더 많이 이루어진다. FWB처럼 친구가 아니라도 상관없고, 상대가 여러 명이어도 괜찮다. 경우에 따라 친구처럼 대화를 나누는 수준의 감정 교류만 수반하기도 한다. 또 시추에이션십에서는 '그냥 흐름에 맡기는 것'이 룰이다. 다음과 같은 명제에 해당하는 경우가 많을수록 시추에이션십에 가까운 관계라고 볼 수 있다.[3]

- 관계가 진전되지 않는다.
- 상대방의 삶에 융합되지 않는다.
- 실제 데이트를 하지 않는다.
- 피상적 상태에 머무른다.
- 만남이 즉흥적이다.
- 미래에 대한 이야기를 나누지 않는다.
- 관계에 대한 대화^{DTR, Define the Relationship}를 하지 않는다.
- 가족 모임 같은 특별 이벤트에 동반하지 않는다.
- 소셜 미디어에 커플이라는 구체적 증거가 없다.
- 불규칙한 관계의 디테일 때문에 불안하거나 로맨스가 결여되어 지루한 느낌이 든다.

홍미로운 것은 가벼운 관계 맺기를 지향하는 최근 세대의 특성이 비
단 관계에만 머무르지 않는다는 사실이다. 범위는 모호하고, 깊이도 설

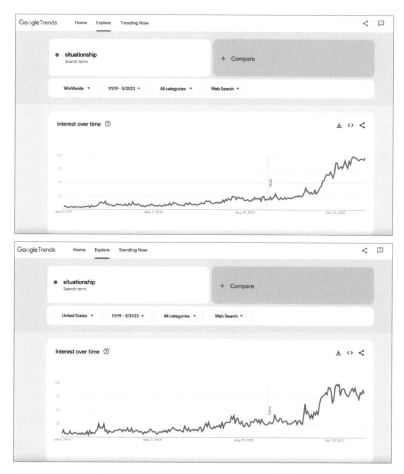

전 세계(위)와 미국(아래)의 시추에이션십 검색 트렌드(2019년 1월~2023년 5월) 증가 추이.

정되지 않은 이들의 관계 취향은 먹고 놀고 쇼핑하는 일상의 전방위에 알게 모르게 영향을 미치고 있다. 기업이 이들의 관계 취향에 주목해야 하는 까닭이다.

스낵 컬처와 스니펫 컬처

시추에이션십이 관계의 가벼움을 나타낸다면, 잘파 세대가 콘텐츠를 가볍게 소비하는 것은 스낵 컬처^{snack culture}로 표현할 수 있다. 말 그대로 과자를 먹는 것처럼 간편하고 빠르게 즐길 수 있는 콘텐츠를 소비하는 경향을 말한다. 콘텐츠 소비의 맥락에서 스낵 컬처는 소비자가 엔터테인먼트와 정보검색에서 모바일 기기 등 디지털 기기를 이용해 어디서든지 짧게 콘텐츠에 접근하는 것을 말한다.

스낵 컬처는 한국에서 생겨난 표현인데, 이를 아우르는 개념이 스니

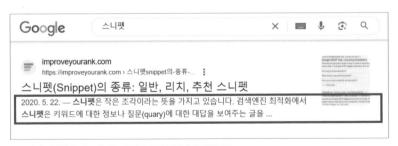

구글에서 검색했을 때 노출되는 각각의 요약 정보가 스니펫이다.

펫 컬처snippet culture다. 스니펫이란 '단편'이라는 뜻이다. 전체를 보기도 하지만, 부분적으로 주의를 좁혀서 보는 경향, 그리고 주의를 기울이는 정도도 좀 더 미미함을 뜻한다. 스니펫의 원래 정의는 152쪽 그림에서 처럼 구글 검색을 했을 때 핵심 문구를 미리보기로 보여주는 것처럼 관련 있는 부분만 강조된 것을 말한다.

기술이 발전하면서 원하는 것을 빠르고 쉽게 골라서 소비할 수 있게 된 지는 얼마 되지 않았다. 하지만 한곳에 진득이 앉아 호흡이 긴 콘텐츠를 소비했던 때가 먼 옛날처럼 느껴지는 시대다. 잘파 세대에게는 전통적 뉴스 콘텐츠는 일종의 일chores로 느껴지고, 자신들의 라이프와 관련성이 떨어진다고 여긴다. 전체보다 단편으로 쪼개진 것을 더 선호하는 경향을 뜻하기도 한다.

영화 빨리 돌려 보기와 요약본 보기가 늘어나고, 늘어난 수요를 공략해 콘텐츠를 요약해주는 유튜브 채널 또한 많아진 이유도 같은 맥락이다. 넷플릭스는 2019년 빨리 감기 기능을 선보였는데, 콘텐츠의 줄거리를 바로 알고 싶어 하고 전체 스토리에서 관련이 적은 부분은 뛰어

2019년 빨리 감기 기능을 선보인 넷플릭스.

넘고 관련이 있어 보이는 내용만 빨리 보기를 원하는 소비자의 욕구를 반영한 기능이다. 다음Daum 역시 숏폼 콘텐츠 전용 공간을 추가했고, 네이버도 서비스안을 추진 중이다. 그만큼 진중히 한자리에서 긴 콘텐츠를 집중해서 보기보다는 많은 콘텐츠를 더 빨리, 쉽게, 가볍게 보고 싶어 하는 것이 일반화된 것이다.

젊은 소비자들이 짧고 가벼운 콘텐츠를 선호하는 경향은 비단 영상 콘텐츠에만 영향을 준 것은 아니다. 소설계까지 그 영향이 미쳤다. 1980~1990년대 인기를 끌었던 엽편소설葉篇小說(콩트라고도 부름)이 다시 부활한 것이다. 손바닥만 한 지면에 다 들어갈 정도로 분량이 적다고 하여 손바닥 소설로 불리기도 하는 엽편소설은 짧은 영상과 게시물에 익숙해져 분량이 긴 글을 읽지 못하는 요즘 독자의 입맛에 딱 맞는 콘텐츠다.

순간의 즐거움에 매료된 까닭

잘파 세대가 시추에이션십과 스낵 컬처, 스니펫 컬처라는 특성을 띠는 데 주된 역할을 한 것은 미디어 환경의 변화다. 이전 세대는 평면적 콘텐츠를 제공하는 TV를 보면서 자란 반면, 잘파 세대는 유튜브와 틱톡처럼 온디맨드(수요에 따라 노출되는)를 기반으로 한 콘텐츠를 소비한다. 게다가 틱톡의 쇼츠와 인스타그램 릴스reels는 수많은 한입 거리 콘텐츠를 노출하기 때문에, 더 가볍고 흥미로운 콘텐츠만 골라 소비하려는 젊은 소비자의 경향을 더 강화했다.

알파 세대의 경우 0~11세는 56.9% 이상이 적어도 유튜브를 한 달에 한 번 접속하는 등 넷플릭스와 디즈니+, 틱톡에 비해 더 자주 이용한다.[4] 반면 13~17세에게는 유튜브와 함께 틱톡이 주요 플랫폼인데, 재미있는 점은 유튜브보다 틱톡의 집중도가 더 높다는 사실이다. 그만큼 알파 세대가 콘텐츠를 소비하는 호흡이 더 짧다고 할 수 있다. 알파 세대의 미디어 사용을 조사해보니 유튜브를 사용해본 적이 있는 10대(95%) 가운데 19%가 유튜브를 지속적으로 이용한다고 답한 반면, 틱톡은 사용해본 적이 있는 10대 비율 자체는 유튜브보다 낮으나(67%), 지속적으

미국 10대 소셜 미디어별 사용 횟수와 집중도의 차이

이 앱 또는 사이트를 사용한 적이 있음
이 앱이나 사이트를 지속적으로 사용함

95	67	62	59	32
19	16	10	15	2
유튜브	틱톡	인스타그램	스냅챗	페이스북

출처_퓨 리서치 센터(2022년 8월)

로 이용한다고 답한 비율은 16%로, 유튜브와 비슷했다.

그렇지 않아도 디지털 기술이 발달하면서 주의를 집중하는 시간이 짧아졌고, 이는 콘텐츠 자체보다 콘텐츠를 소비하는 시간에 더 주목하게 된 결과로도 볼 수 있다. 잘파 세대의 주의력 몰입 시간은 Z 세대가 8초, 알파 세대는 3초라는 말이 있을 정도로, 주의 집중 시간이 20초인 밀레니얼 세대보다 훨씬 짧다. 이는 짧은 집중 시간에 핵심 메시지를 파악하는 데 필요한 시간이 더 중요해졌다는 것이고, 이는 잘파 세대에게 어필하기 위해서는 핵심 메시지를 8초나 3초 안에 전달해야 한다는 명제가 성립하는 이유다. 한 가지 주의할 점은 주의 집중력의 차이를 좋다 나쁘다라는 관점이 아니라 '다르다'는 관점으로 바라봐야 한다는 것이다.

Z 세대의 경우 호흡이 짧은 콘텐츠를 선호하는 이유로 현실 세계의 무게감도 무시할 수 없다. 과거 밀레니얼 세대가 대학을 졸업할 무렵인 2008~2009년 일어난 글로벌 경제 위기 때문에 취직하기가 힘들어 취업보다 대학원 진학을 선택하는 비율이 높았던 것 등 글로벌 경제 위기가 이들의 인생 흐름과 맞물려 이전 세대보다 많은 어려움을 겪은 점이 영향을 미친 것이다. Z 세대의 대학 생활은 흥미롭고 활기찬 대면 활동 대신 마스크와 온라인으로 대체되었고, 직장인으로 일하던 Z 세대도 코로나19로 인해 고용불안 등 미래가 보이지 않는 불안정한 상황을 겪어야 했다. 커리어가 안정된 이전 세대와 달리, 직장 생활에서 얻을 수 있는 멘토십과 커리어를 개발할 기회가 줄어들었기 때문이다. 이렇듯

박탈감과 불안이 커진 환경에서 지나치게 진지한 맥락보다 가볍고 즐거운 내용 위주의 콘텐츠를 소비하고자 하는 욕망은 어떤 면에서는 당연한 결과라 할 수 있다.

앞에서 언급한 것처럼 영화 빨리 돌려 보기 문화도 가볍고 더 쉬운 방법으로 콘텐츠를 파악하고자 하는 잘파 세대의 욕구를 반영한다. Z 세대는 많은 정보를 수집하는 것이 유능한 사람이라는 인식 속에서 자랐고, 콘텐츠를 곧 정보로 생각하기에 빨리 감기를 통해 많은 정보(콘텐츠)로 자신을 어필하고 능력을 인정받아 일종의 안식처를 얻고 싶은 욕구가 앞서기 때문으로 여겨진다.

일본의 칼럼니스트 이나다 도요시는 2022년에 출간한 책『영화를 빨리 감기로 보는 사람들』에서 어린 세대일수록 OTT와 유튜브 콘텐츠를 볼 때 빨리 감기 기능을 활용한다는 점을 강조했다. 틱톡 쇼츠와 릴스, 온디맨드 형식으로 정보를 접해온 알파 세대는 이러한 경향이 더 뚜렷할 것으로 예상할 수 있다. 그 순간에 즉각적으로 즐길 수 있는 콘텐츠를 원하는 경향과 그러한 콘텐츠 소비 방식이 '가벼움'을 의미하더라도 별로 개의치 않는 것이 잘파 세대의 특징이다. 물론 잘파 세대가 아니더라도 많은 이들이 콘텐츠가 가득한 환경에서 시간 '가성비'를 지향하면서 일정 금액을 내는 OTT에서 보다 많은 콘텐츠를 빨리 감아가며 소비하려는 경향이 강해졌다. 결과는 같더라도 동기가 다르다.

영상 콘텐츠뿐 아니라 뉴스를 소비하는 데도 가볍게 접할 수 있는 소셜 미디어가 주요 채널로 자리 잡았다. 소셜 미디어를 뉴스 채널로 활용하는 것은 소비자의 신뢰가 이동했음을 의미한다. 159쪽 상단의 그래프를 보면 국가 뉴스, 지역 뉴스에 대한 미국인의 신뢰도는 전 연령대를 막론하고 지속적으로 하락하고 있음을 알 수 있다. 뉴스를 접하는 매체가 신문 → TV → 스마트폰으로 변화하면서 모바일 기기로 소셜 미디어와 뉴스를 보는 것이 일상화되었는데, 이는 누가 뉴스를 전하는가가 뉴스를 소비하는 데 예전처럼 중요한 요소가 아니라는 것을 시사한다.

좀 더 자세히 살펴보자. 2020년에는 미국인이 하루에 디지털 미디어를 사용하는 시간이 3시간 50분으로 조사되었다. 그런데 2021년에는 4시간 28분으로 늘어났다. 1년 사이에 38분이나 증가한 것이다. 2023년 기준 미국 인구의 70%가 넘는 2억 5,000만 명이 모바일 전화를 소유하고 있고, 2022년에 역사상 처음으로 미국 성인이 스마트폰을 사용하는 시간(3시간 19분)이 TV를 시청하는 시간(3시간 7분)을 앞질렀다. 2024년에는 하루에 TV보다 스마트폰을 45분 더 많이 사용할 것으로 전망된다.[5] 모바일 기기에서 가장 많이 소비되는 콘텐츠는 소셜 미디어가 23%, 비디오가 21%다.

잘파 세대는 일반 뉴스 채널보다 소셜 미디어에서 뉴스를 얻는데, 일반 뉴스 채널보다 가볍게 접할 수 있기 때문이기도 하고, 소셜 미디어를 신뢰하기 때문으로 볼 수 있다. 2016년에는 전체 미국 소비자 가운데 21%가 소셜 미디어에서 뉴스를 접했고, 2021년에는 그 비율이 26%로 늘어났다. 그런데 18~29세의 경우, 2020년에는 53%, 2021년에

연령대별 뉴스 채널 신뢰도 변화 추이

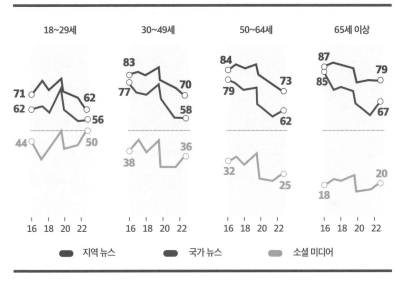

| 18~29세 | 30~49세 | 50~64세 | 65세 이상 |

| 지역 뉴스 | 국가 뉴스 | 소셜 미디어 |

출처_퓨 리서치 센터(2022년 10월)

성별 및 연령대별 소셜 미디어에서 뉴스를 접하는 비율

	페이스북	유튜브	트위터	인스타그램	레딧	틱톡	링크드인	스냅챗
남성	35	56	56	36	67	30	54	40
여성	64	43	43	63	31	68	44	59
18~29세	23	27	43	44	44	52	25	63
30~49세	41	40	38	37	47	34	46	32
50~64세	22	22	14	13	8	12	20	3
65세 이상	14	11	5	5	1	2	8	1

출처 _ 퓨 리서치 센터(2021년 9월)

는 48%가 소셜 미디어에서 뉴스를 접한 것으로 나타났다.[6] 주목할 점은 18~29세가 로컬 또는 내셔널 뉴스 기관보다 소셜 미디어 사이트를 신뢰하는 정도가 이전 세대에 비해 월등히 높다는 것이다.

특정 소셜 미디어 채널을 뉴스 소스로 이용하는 데는 세대별 차이도 있다. 159쪽 그래프를 보면 남성 전체에서는 레딧과 링크드인이, 여성 전체에서는 틱톡, 페이스북, 인스타그램이 중요한 뉴스 소스다. 세대별로 보면 18~29세(Z 세대)의 경우 스냅챗(63%), 틱톡(52%)을 인스타그램(44%)이나 유튜브(27%), 페이스북(23%)보다 뉴스 소스로 더 많이 이용한다.

F&B 영역에 파고든 가벼움

스니펫 컬처는 비단 뉴스와 콘텐츠 소비뿐 아니라 F&B 영역에서도 확산되고 있다. 소셜 미디어에서 음식 관련 콘텐츠를 소비할 때도 보다 빠르고, 시각적으로 매력적이고, 공유하기 편리한 것을 추구하는 경향을 보인다. 틱톡과 유튜브 쇼츠 등에서 1분 내외의 짧은 레시피 동영상이 인기를 끄는 것도 같은 맥락이다. 이러한 동영상들은 요리 과정을 매우 속도감 있게 담아내 보는 재미를 극대화하면서도 그 안에 간단한 주방 살림 꿀팁이나 요리팁까지 전달한다. 또한 잘파 세대는 음식점을 리뷰하거나 추천할 때 인스타그램 스토리 기능을 통해 자신의 짧은 생각을 스니펫처럼 공유하기도 한다. 이러한 현상은 정보와 콘텐츠를 시각적인 측면에서 보다 더 짧고 매력적으로 소비하고자 하는 스니펫 컬처로 이해할 수 있다.

이와 동시에 실제 음식을 소비하는 트렌드에서도 스니펫 경향이 확산되고 있다. 잘파 세대는 식사를 간식처럼 가볍게 생각하는 편이다. 이들이 식사를 간식으로 대체하는 트렌드는 밀레니얼 세대인 부모의 '간식으로 식사를 망치지 마라Don't Snack and Spoil the Meal'라는 말에 대한 반발로 볼 수도 있지만, 어찌 되었든 간식으로 식사를 대신하는 경향이 더 커진 것은 분명하다.[7] 전 세계적으로 식사 대신 간식을 먹는 비율이 늘었고, 적은 양을 더 자주 섭취하는 것으로 식습관이 바뀌고 있다. 식품 브랜드들이 한입 사이즈bite-sized 패키징을 늘리는 것도 이러한 경향을 반영한 결과다. 간식을 더 자주 섭취하고 식사를 대신하는 트렌드도 가벼움을 원하는 성향이 콘텐츠 외 맥락으로 확산된 것으로 볼 수 있다.

이러한 변화를 반영한 훌륭한 사례가 있다. 미국 시장에서 그릭 요거트 부문 1위에 등극한 기업 초바니Chobani가 오픈한 초바니 카페 Chobani Café다. 뉴욕 맨해튼에 있는 초바니 카페에서는 요거트를 디저트와 식사로 먹을 수 있다. 식사＝정찬이라는 개념보다 간식처럼 가벼운 식사를 원하는 소비 맥락을 적절히 고려한 것이다.

믹스드 베리 아사이 볼Mixed Berry Acai Bowl은 아침 식사 메뉴이고, 이외에도 살사 칩이 딸려 나오는 망고 앤드 아보카도나 허머스 앤드 자타르 Hummus and Za'atar는 식사로 판매된다. 물론 샐러드나 샌드위치를 포함한 전통적 식사 메뉴도 있다. 가볍고 캐주얼하게 즐길 수 있는 소비문화를

초바니 카페에서는 요거트를 식사 메뉴로 판매한다.

지향하는 잘파 세대의 특성은 이처럼 콘텐츠 소비, F&B 등 일반 소비 맥락에서 빠르게 확산되고 있다.

잘파 세대는 이제 더 이상 호흡이 길거나 진지한 것에 반응하지 않는다. 콘텐츠를 접하거나 음식을 섭취할 때도 부담 없이 간편한 것을 선호한다. 앞으로 기업에서는 소비자들의 심리적 부담을 줄이고 서비스의 진입장벽을 최대한 낮출 수 있는 방법을 강구해야 할 것이다.

전략 포인트 ←

가벼움의 정서를 서비스에 반영하라

지금까지 단순하고 간편한 것에 열광하는 잘파 세대의 특성을 파악해보았다. 기업에서 이들을 타깃으로 맞춤형 전략을 세운다면 다음의 세 가지를 고려하는 것이 좋다.

첫째, 콘텐츠 소비 맥락에서 스니펫 컬처를 고려할 때, 콘텐츠에 집중한 서비스에는 잘파 세대의 신뢰를 높이는 한편 콘텐츠 쪼개기와 요약본 제공하기 등을 접목해야 한다. 지금은 많은 이들이 유튜브를 통해 뉴스를 접하지만, 스냅챗과 틱톡이 전통적 뉴스 채널을 대체하면서 이러한 변화가 향후 비즈니스에 어떻게 작용할지 생각해야 한다. 잘파 세대가 주요 소비자가 되는 몇 년 안에 1) 콘텐츠를 작은 단위로 쪼개기(쇼츠와 릴스), 2) 디지털과 오프라인을 다발적으로 이용하는 온·오프라인 동시 이벤트, 3) 긴 뉴스 요약본 제공하기 등 다각도의 전략이 필수일 수밖에 없다.

둘째, F&B 비즈니스에 스니펫 컬처를 도입하면 잘파 세대를 대상으로 효과적인 마케팅을 기대할 수 있다. F&B에서 비주얼의 중요성이 커지며 잘파 세대를 포함한 젊은 세대에게는 음식의 맛도 중요하지만 음식이 어떻게 나오는지가 중요한 요소가 되었다. 앞서 언급한 초바니 카페는 맛은 이미 검증된 브랜드로서 가볍고 간편한 메뉴, 사진으로 공유하고 싶은 비주얼적 요소가 잘 결합되어 인기를 얻은 사례다.

콘텐츠를 제작할 때도 창의적인 카메라 앵글이나 슬로우 모션 등의 기법으로 시각적인 요소를 강조하면 잘파 세대 고객의 유입 효과를 높일 수 있을 것이다. 또한 레스토랑에서 메인 메뉴가 준비되거나 플레이팅 되는 모습을 숏폼 영상으로 담는 것도 좋은 방법이다.

음식 관련 해시태그를 이용해 가시성과 검색 기능을 높이고 음식에 대한 짧고 설득력 있는 스토리를 제작해 소비자와 개인적인 차원의 소통을 강조하는 것도 잘파 세대 등 젊은 소비자의 공감을 얻을 수 있는 방법이다.

셋째, 기업에서는 오픈 마인드 전략으로 고객에게 다가가야 한다. 앞서 잘파 세대가 시추에이션십을 통해 가볍고 개방적인 인간관계를 추구한다는 것을 알 수 있었다. 자신이 이용하는 브랜드도 같은 가치관을 갖기를 원할 것이다. 그러므로 앞으로 기업에서는 연인 관계에 대한 전형적 시각에서 벗어나 다양한 관계에 포용적인 태도를 보이거나 좀 더 가볍게 해석되는 메시지를 긍정적으로 평가할 수 있어야 한다는 말이다. 자신들이 시추에이션십을 지향하는 것을 있는 그대로 드러내고, 규정 당하기를 좋아하는 것도 잘파 세대의 특성이다.

수제품을 판매하는 대표적인 전자 상거래 플랫폼 엣시^{Etsy}는 이를 감안해 시추에이션십 큐레이션을 제공한다. 시추에이션십에 대한 정의를 담은 티셔츠, 카드, 머그컵, 키 링 등 시추에이션십 키워드를 창의적으로 표현한 다양한 상품을 판매한다.

사랑과 연인 관계를 좀 더 가볍고 재미있게, 그리고 새로운 시각으로 바라보는 광고가 잘파 세대의 주의를 끄는 것은 자신-브랜드의 관련성을 높일 수 있기 때문이다.

엣시에서 판매하는 시추에이션십 티셔츠.

한 예로 이탈리아 ITA 항공은 2022년 2월 밸런타인데이를 겨냥해 '사랑은 비행 모드에 있다Love is in the Airplane Mode'라는 광고를 진행했다. 이 광고에서는 커플이 잠시 함께할 수 있는 시간을 가지고, 파트너의 어깨에 머리를 기대는 정도의 가벼운 밀착감을 즐기는 한편, 모바일을 비행기 모드로 전환한 후 한시적 휴식과 관계를 즐기는 모습을 표현했다. 이들은 변화하는 트렌드에 맞춰 발 빠르게 대응해 타깃 고객에게 어필한 사례다.

ITA 항공의 '사랑은 비행 모드에 있다' 광고.

관계에 대한 고정관념을 깨는 광고는 잘파 세대 소비자가 자신과 관련성이 높다고 느낄 수 있다. 초콜릿 브랜드 락타Larcta의 사례가 여기에 해당한다. 락타는 18~24세 소비자를 타깃으로 한 그리스의 전통 초콜릿 브랜드다. 락타는 기존 광고에서 '사랑의 맛The Taste of Love', '먼저 움직여라Make the Move', '사랑은 존재할까?Does Love Exist?'같이 초콜릿처럼 달콤한 메시지를 전달해왔다.

그런데 2019년 좀 더 사회적인 의미를 담은 광고를 진행했다. 밸런타인데이에 맞춰 '사랑을 위해 행동하세요Act for Love'라는 메시지를 선보인 것이다. 신체적 장애, 동성애 등 사회적 다양성을 열린 마음으로 수

그리스 초콜릿 브랜드 락타의 '#사랑을위해행동하세요' 광고.

용하자는 메시지를 담은 광고였다. 28개의 실제 사연을 바탕으로 구성한 광고는 소셜 미디어에서 찬반 논란을 일으켰으며, 이는 불매운동까지 이어졌다. 부정적 반응도 컸지만, 결과적으로 이 광고 이후 락타의 매출은 13.5% 늘어난 것으로 나타났다.[8] 과거 이탈리아 패션 브랜드 베네통Benetton의 논란 많은 광고를 연상시키는, 열린 마음을 소통하는 광고다. 다시 한번 강조하지만 무언가를 옳다, 그르다는 관점으로 보는 대신 이런 메시지가 잘파 세대에게 관련성이 높게 느낄 수 있는지 여부에 주목하길 바란다.

마지막으로 잘파 세대의 시추에이션십 트렌드는 고객 충성도customer loyalty에 대한 기업의 관점 변화를 촉구한다. 기업은 지금까지 고객들이 얼마나 재구매를 하는가, 즉 행동적 충성도behavioral loyalty가 KPI의 중요한 지표였다. 그런데 잘파 세대처럼 관계를 규정하지 않고 그 스펙트럼도 다양하며 일시적이어도 괜찮다고 생각하는 트렌드는 브랜드-고객 간의 관계에도 의미하는 바가 크다. 더 이상 고객 충성도에 집착하는 것이 유효하지 않다는 것이다.

이제 기업은 장기적인 관계나 고객 생애 가치CLV 같은 KPI보다 오히려 짧은 주기로 고객들과 실시간으로 소통하는 것이 더욱 중요해졌다. 개인화된 메시지로 소비자들과 자주 접촉하면서 관련성을 높이는 커뮤니케이션 전략이 필요한 시점이다. 이는 주기적으로 리타기팅retargetting 캠페인을 진행해 브랜드의 이미지를 자주 환기시키는 것이 중요해졌다는 의미이기도 하다.

SUMMARY ←———————————————

1 잘파 세대에게 콘텐츠를 제공할 때는 짧은 분량으로 쪼개거나 요약본을 제시하는 것이 필수적이다.

2 시추에이션십처럼 간편하고 실용적인 관계를 추구하는 잘파 세대의 독특한 정체성을 드러낼 수 있는 상품이나 서비스 기획을 고려해볼 수 있다.

3 기존의 고정관념을 깨면서 잘파 세대에게 어필할 수 있는 커뮤니케이션 메시지를 개발해야 한다.

4 고객과 장기적인 관계를 구축하기보다 실시간으로 소통하면서 고객과의 관련성을 높이는 커뮤니케이션 전략이 필요한 시기다.

6장

불확실성이 소비자를 바꾸다

#소비로자존감을높이다

#크로스쇼핑
#옵션의다양화
#노스탤지어소비

불확실성이 최고조에 이른 시대, 개인이 통제할 수 없는 외부 변화에 끊임없이 노출되면서 무력감을 호소하는 이들이 많아졌다. 이런 변화와 함께 소비를 통해 자율성과 자존감을 회복하려는 트렌드가 부상하고 있다. 쇼핑을 할 때도 다양한 옵션 중에 하나를 선택하는 적극적인 행위를 통해 만족감을 얻고, 작은 사치로 즉각적인 행복을 누리는 한편 과거의 노스탤지어를 자극하는 소비로 심리적 편안함을 얻는다.

앞에서 잘파 세대의 세대적 특성과 맞물린 글로벌 마케팅 트렌드 변화를 몇 가지 키워드 중심으로 살펴보았다. 그런데 세대의 특성은 시대의 정치·경제·사회적 변화를 기반으로 싹튼다. 최근 소비자들은 팬데믹을 기점으로 단절과 결핍을 경험했다는 점을 언급한 바 있다. 그런데 더 거시적으로 보자면 정치·경제적 복합 위기 역시 최근 소비 트렌드에 상당한 변화를 불러왔다.

이번 장부터는 잘파 세대를 넘어, 전 세대에 걸쳐 맹위를 떨치고 있는 경제와 기후 위기 등으로부터 촉발된 불확실성이 글로벌 컨슈머의 소비 행태에 어떤 영향을 가져왔는지 보다 넓게 살펴보고자 한다.

최근 카카오톡 선물하기에서 부동의 1위 '스타벅스 아메리카노'를 위협하는 제품이 있다. 바로 '비타민계의 에르메스'로 불리는 오쏘몰 이 문이다. 동아제약이 독일 오쏘몰사에서 수입해 출시한 액상 비타민으로 1회분에 5,000원 정도의 고가이지만 2020년 론칭한 이후 매해 2배 이상의 성장을 기록하고 있다.[1] 특히 직장인 사이에 주고받는 센스 있는 선물로 입소문이 나면서 카카오톡 선물하기 배송 상품 카테고리에서 종합 랭킹 1위(2023년 8월 기준)를 차지했다.

이와 유사하게 미국에서는 2020년 바디스^{vVardis}에서 선보인 치약이 화제가 되었다.[2] 가격이 55달러(약 7만 원)로 치약은 보통 1만 원이 채 되지 않는다는 상식을 깬 높은 가격에도 큰 인기를 끌었기 때문이다. 이처럼 영양제나 생활필수품 등 일상에서 누릴 수 있는 '작은 프리미엄'이 최신 소비 트렌드였다. 그런데 흥미로운 점은 프리미엄과 대비되는 '불황형 상품' 판매도 함께 증가하고 있다는 것이다.

립스틱, 소주와 함께 경기가 안 좋을 때 잘 팔리는 제품 중 하나가 바로 복권이다. 한국에서는 팬데믹 동안 즉석 복권의 인기가 치솟아 2022년 당초 계획보다 복권 발행을 611억 원 늘리기로 결정하기도 했다. 미국의 상황도 마찬가지다. 노스캐롤라이나주의 경우 2020년 7월 에서 2021년 6월까지 복권 판매 매출은 전년 동기 대비 26%나 늘어났다.[3] 이 기간에는 실직률이 사상 최고를 기록했으며 100만 명 이상이 코로나19에 감염된 혼돈의 시기이기도 했다. 지속적인 경기 침체에 많은 이들이 '믿을 건 복권뿐'이라는 생각으로 일확천금을 기대하면서 나

작은 사치를 누릴 수 있는 프리미엄 상품과 복권 같은 불황형 상품 시장이 동시에 성장하고 있다.

타난 현상으로 볼 수 있다.

프리미엄 상품과 불황형 상품의 구매가 동시에 증가하는 현상. 이 양극화된 소비 패턴은 무엇을 시사할까? 팬데믹과 실직, 불확실성과 소비 행동 사이에 상관관계가 있는 것일까?

글로벌 위기가 소비자에게 미치는 영향

앞에서 언급한 상반된 소비 패턴은 불확실성이 소비자를 변화시키고 있음을 보여주는 단적인 사례다. 불확실성은 위기를 동반하는데, 지금 우리가 마주하는 상황이 그렇다. 폴리크라이시스polycrisis, 즉 복합 위기라고 불리는 현재의 위기는 다수poly- 의 위기crisis가 복합된, 그야말로 환경·정치·사회·경제적 위기가 심각하게 맞물려 나타나는 위기다.

환경적으로는 지난했던 3년간의 팬데믹을 넘어 엔데믹으로 접어들었지만, 중국에서 코로나19가 재창궐하고 원숭이두창 등 새로운 변이 바이러스가 등장하여 또 다른 전염병에 대한 위기의식이 여전히 남아 있는 상황이다. 그뿐만 아니라 2022년 12월 역사적인 눈 폭풍으로 미 동부와 북부 기온이 영하 56℃를[4] 기록하는 이상기후를 겪었고, 미 서부 캘리포니아와 오리건주를 비롯해 하와이에서도 대형 산불이 이어지는 등 이상 징후가 늘어났다. 미국 국립해양대기관리국NOAA에 의하면 2023년 7월 3일은 지구 평균기온이 17℃를 넘어서며 역사상 가장 더운

날로 기록되었으며 폭염으로 인한 문제도 갈수록 늘어날 것으로 보인다. 한국 또한 2022년 중부 지방은 집중호우로 인명 피해가 발생한 한편 남부 지방은 비가 내리지 않아 1974년 이후 가장 많은 가뭄 일수인 227.3일을 기록하기도 하였다.

정치적으로도 2021년부터 러시아-우크라이나 전쟁이 계속되고 있으며, 미-중 간의 긴장감이 높아지면서 전 세계적으로 불안과 불확실성이 고조되었다. 경제는 또 어떠한가. 2022~2023년 미국 연준Fed (연방준비제도)은 금리를 가파르게 인상했고 그 여파로 주식 시장이 폭락하고 부동산 시장이 위축되었다. 미국의 경우 코로나19 팬데믹 기간 급격히 얼어붙은 경기를 부양하기 위해 무려 4조 6,000억 달러(약 6,118조 원)[5]에 달하는 천문학적 금액을 코로나19 지원금stimulus fund 으로 지급했다. 엄청나게 큰 액수의 돈이 풀리면서 경기 부양 효과가 나타나긴 했지만 인플레이션을 초래하는 등 한계에 부딪혔다. 결국 연준이 미뤄두었던 금리 인상 카드를 꺼내면서 그 여파가 미국은 물론 전 세계적으로 파급되었다. 일본에서도 2022년 11월 인플레이션 3.7%를 기록했는데, 이는 1981년 이후 최고치로 일본발 위기가 글로벌 시장을 강타할 것이라는 전망도 나왔다.[6]

사회적으로도 실직, 일자리 문제, 생활비 부족 등 위기감이 커졌다. 2023년 초에는 미국 빅 테크업계에서 대규모 해고 소식이 들려왔다. 구글, 마이크로소프트, 아마존, 트위터, 테슬라 등 유명 빅 테크 기업이 해고를 통보한 직원은 7만여 명에 달한다.[7] 안정적인 직장에서도 하루

아침에 쫓겨나는 일이 벌어지다 보니 미국에서 '하루 벌어 하루 먹고사는' 사람들의 수가 급격히 늘어나고 있다.

2022년 12월 조사에서 미국 소비자 중 64%가 월급으로 다달이 살아가고 있다고 답했고 심지어 연봉 10만 달러(약 1억 3,000만 원) 이상 받는 소비자 가운데서도 51%가 다달이 살아가는 것으로 나타났다. 더욱 심각한 것은 미국인의 70%가 식료품과 유틸리티 비용을 감당하기 어렵다고 밝혔다는 것이다.[8]

가까운 미래에 대한 전문가들의 전망도 긍정적인 시선과 부정적 시선이 엇갈리고 있다. 미국소매협회NRF, National Retail Federation 수석 경제학자 잭 클레인헨즈Jack Kleinhenz나 KPMG의 시니어 경제 전문가 케네스 킴Kenneth Kim은 2023년이 경기 침체로 힘든 한 해가 될 것으로 전망했다. 반면 모건스탠리의 이코노미스트 세라 울프Sarah Wolfe는 경기 침체는 없을 것이라고 주장했다. 다만 2023년 성장률은 0.3%에 그칠 것으로 예측했다.[9] 여러 상황이 겹치고 전망이 엇갈리는 가운데 가까운 미래에 대한 불확실성이 그 어느 때보다 극대화되고 있다.

복합 위기 상황에서 소비자 역시 가까운 미래에 대해 불안을 느끼는 변동 폭이 크다. 변화의 주기가 짧아지며 소비자가 느끼는 불확실성 또한 커졌다. 미국의 미디어 채널 PYMNTS가 실시한 소비자 조사를 보면 2023년 경제 상황이 악화될 것이라고 답한 비율이 2022년 기준 35.4%(7월), 31.5%(8월), 28.5%(10월), 30.4%(11월), 27.3%(12월)로 등락을 거듭했다.[10]

불확실성이 고조되며 사람들의 심리에도 변화가 생겼다. 급격하고 다양한 측면의 변화를 직간접적으로 겪으며 예상치 못한 상황에 순응하고 적응하는 능력이 커진 반면 한편으로는 두려움을 느끼는 복합적 양상이 나타나고 있다. 심리적 측면에서는 팬데믹 이전 일상으로 돌아가는 것에 두려움을 느끼는 포노FONO, Fear of Normal 증후군이 증가하기도 했다. 이 용어는 소외되는 것에 대한 두려움을 의미하는 포모FOMO, Fear of Missing Out 증후군에서 비롯된 말이다. 마스크를 벗는 게 어색하다거나 사무실에 출근하는 것이 새삼스럽게 느껴지는 등 지극히 '평범한' 상황에 어려움을 호소하는 이들이 실제로 크게 늘었다.

물론 팬데믹 기간에 일어난 변화가 긍정적 양상으로 나타난 측면도 있다. 많은 기업이 그간 원격 근무와 온라인 회의를 시행하며 상황에 따라 비대면과 대면 모드를 적절히 섞어 활용할 수 있는 인프라를 구축할 수 있었다. 리테일업계에서는 팬데믹으로 온라인에 엄청난 수요가 몰렸고 여러 온라인 플랫폼이 각축전을 벌인 결과 2023년 들어 옥석이 가려지는 추세다. 사회적 거리 두기와 록다운으로 큰 위기에 처했던 오프라인 리테일도 회복되고 있다. 그중에서도 과감한 변화를 시도한 오프라인 기업은 특히 각광받았다.

대부분의 소비자는 2024년에도 경기가 회복할 거라고 예상하지 않는다. 그러나 팬데믹을 겪으면서 변화와 불확실성에 대한 회복 탄력성이 높아졌고, 예상치 못한 사건에 단순히 반응하는 수준을 넘어 소비자가 자신의 삶을 스스로 일궈나가는 데 보다 적극적인 자세를 보이고 있다.[11]

'더 작고 더 빠른' 이득을 취하다

사회적 불안이 고조되고 불확실성이 커지면 인간의 행동은 어떻게 변할까? 소비자는 불확실한 미래를 대비하기 위해 좀 더 계산적으로 소비 활동을 하게 된다. 예를 들면 CPG^{Consumer Packaged Goods}(일용 소비재)의 경우 다음의 네 가지 경향이 나타난다. [12]

- 당장 필요하지 않거나 중요하지 않은 제품을 구매할 때 저가 상품을 찾는 트레이딩 다운trading down 경향이 커진다. 물론 이는 상품 카테고리와 소비자 세그먼트-유형에 따라 정도가 다르다.
- 리테일러의 PB(자체 브랜드) 점유율이 높아진다. 이는 인플레이션이 심화되면서 가격은 상대적으로 저렴하고 품질이 양호한 제품을 제공하는 PB를 구매하는 경향이 커지기 때문이다.
- 인플레이션 상황에서도 홀세일 클럽과 식료품 리테일 등 특정 리테일 채널은 꾸준히 성장한다.
- 체감 경기에 대한 소비자의 낙관적 인식을 나타내는 소비자 심리 지수 Consumer Sentiment Index는 변동도 크고 소비자층마다 다른 반응을 보인다. 그런데 밀레니얼 소비자 중 고소득 층의 향후 소비 의향이 가장 강하다.

소비자는 불안한 경제 환경 속에서 소비를 줄인다. 미국 소비자 중 32%가 차·집 수리, 가전제품 구매, 의료 비용 등 예상치 않게 400달러

(약 52만 원) 이상의 비용을 지출해야 하는 경우 감당하지 못할 것이라 답했다. 그리고 소비자의 40%는 집이나 차·집 수리 등의 큰 지출을 연기했고, 32%가 넷플릭스 같은 스트리밍 서비스 구독을 취소했으며, 70%가 외식을 줄였다.[13]

이런 변화를 통해 주목해야 할 것은 소비자가 불확실성을 크게 느낄수록 '더 작고 더 빠르게' 얻을 수 있는 이득을 취한다는 것이다. 2022년 실시한 연구도 이를 뒷받침한다.[14]

불확실성이 사람들의 시점 간 선택intertemporal choice에 미치는 영향을 조사한 것인데, 지금과 미래, 어떤 사건의 전후 등 두 시점에서 결정이 어떻게 달라지는지 비교한 것이다. 가령 같은 조건에서 안전한 상황일 때와 코로나19처럼 불확실성이 큰 상황에서 참여자들의 결정을 비교하는 것인데, 불확실성이 커질수록 사람들은 더 작지만 빨리 얻을 수 있는 이득을 취하는 경향이 강해졌다. 하지만 불확실성이 높아진 조건에서도 미래지향성future orientation을 높이면 작지만 빨리 얻을 수 있는 이득을 취하는 경향이 줄어들었다. 여기에서 미래지향성이란 지금 돈을 쓰는 대신 미래를 위해 저축하는 것처럼 시간에 대한 가치를 현재보다 미래에 두는 정도를 말한다. 즉 미래까지 내다보는 장기적 관점이 결여되는 불안정한 상황에서 사람들은 더 작고 더 빨리 얻을 수 있는 이득에 집중한다는 사실을 알 수 있다.

이러한 전략을 취하는 근본적인 이유는 '지금 할 수 있는 확실한 것'을 통해 잃어버린 삶의 주체성을 되찾고자 하기 때문이다. 자신의 통제

범위를 벗어나 급변하는 환경에서 자신의 존재감을 확인하고 싶은 개인의 심리가 바탕에 깔려 있는 것이다. 경제·정치·사회적 환경이 변화하는 가운데 자신에게 어떠한 통제권도 없다고 느끼면 일종의 대응 메커니즘으로 자신이 할 수 있는 범주 내에서 다양한 행동을 통해 삶의 주체성을 회복하려는 의지가 커진다. 한국의 Z 세대 사이에서 일명 갓생(god + 인생) 살기가 유행하는 것도 유사한 맥락이다. 코로나19로 일상이 무너지자 새벽 6시에 일어나기, 따뜻한 차 마시기, 10분 요가하기 등여러 가지 루틴을 실천하고 소소한 성취감을 얻으며 잃어버린 주체성을 되찾고 삶을 회복하고자 했다.

절약과 탐닉, 소비 패턴의 양극화

소비자는 불확실성이 커질 때 이를 최소화하기 위해 단기적 관점에서 소비에 집중하고 그 안에서 최대한 만족을 얻고자 하는 욕구가 커진다. 이런 관점에 바탕을 둔 소비 관련 현상 중 최근 두드러지게 나타나는 것은 크게 세 가지다.

첫째, 프리미엄화premiumization와 크로스쇼핑cross-shopping이다. 프리미엄화란 말 그대로 고가 제품을 구매하는 현상이고, 크로스쇼핑이란 카테고리에 따라 고가 제품과 저가 제품의 선택을 달리하는 소비 경향을 말한다. 앞에서 소개한 55달러짜리 치약과 1회분에 5,000원인 비타민의 사례가 여기에 해당한다. 불확실성에 오랜 시간 노출되면 장기적 관점보다 단기적 관점에서 '짧은 행복'을 선호하는 경향이 커지고, 지금 나에게 '뭔가 특별한 something special' 느낌을 줄 수 있는 것을 선호하게 된다. 작지만 특별한 사치, 작은 프리미엄에 대한 선호도가 높아지는 까닭이다.

이 때문에 절약과 탐닉이라는 양극화 경향도 뚜렷해진다. 줄어든 가용 소득 내에서 소비를 하지만 자신에게 특별하게 느껴지는 선택의 의미가 커지기 때문에 작지만 특별한 사치, 작은 프리미엄을 선호하게 되는 것이다. 경제학자들이 명품 립스틱 구매 증가와 남자 속옷 구매

불황에도 프리미엄 소고기 소비는 늘고 있다.

감소를 경제 악화의 신호로 꼽는 것과 맥을 같이한다. 리테일에서는 이 양극화 경향이 크로스쇼핑으로 나타난다.

그런데 최근 나타난 프리미엄화 현상은 과거와 양상이 조금 다르다. 식생활에서 고급화가 두드러지는 '프리미엄 그로서리premium grocery' 현상이 특징이기 때문이다. 미국 대형 마트의 경우 2021년 4월에서 2022년 4월까지 프리미엄 소고기 소비는 약 11% 늘었고, 베이커리에서는 고급 디저트 등의 판매가 늘어났다.[15] 고급 레스토랑에서 식사하

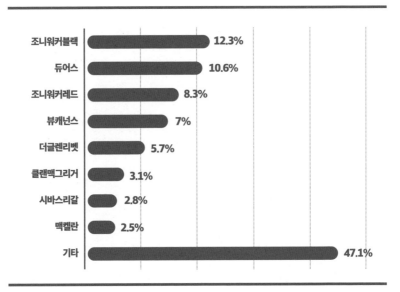

미국 위스키 시장 매출별 랭킹(2021년 기준)

조니워커블랙	12.3%
듀어스	10.6%
조니워커레드	8.3%
뷰캐넌스	7%
더글렌리벳	5.7%
클랜맥그리거	3.1%
시바스리갈	2.8%
맥켈란	2.5%
기타	47.1%

출처_BIC Beverage Information Group, 스태티스타

는 데 쓰는 비용을 줄이는 대신 프리미엄급 식자재를 직접 구매하는 것
으로 돌아선 것이다.

　고급 술에 대한 선호가 높아진 것도 같은 맥락이다. 프리미엄 식료
품과 술은 소비자의 경제 여력이 줄어든 상황에서도 그나마 '취할 수 있
는 럭셔리attainable luxury'이기 때문이다. 미국 중류주협회에 따르면 인플
레이션과 가격 인상에도 고급 술 소비는 2022년 3사분기 기준 전년 동
기 대비 15%나 늘었다. 특히 위스키 매출은 33%나 늘었다. 2021년 성
장률이 50%였던 것에 비해 성장세가 감소하긴 했지만 고급 술에 대한
수요는 지속적으로 성장하고 있다.[16] 미국에서 위스키 시장에 붐이 일
어난 데는 밀레니얼 소비자의 역할이 크다. 이들이 칵테일과 새로운 경
험에 대한 관심이 높고 역사 깊은 술에 매료되었기 때문이다.

　프리미엄화는 필수적으로 크로스쇼핑 경향을 동반하는데, 이는 소
비자의 딜레마 때문이다. 불황 속에서 소비자는 소비를 줄여야 하는 상
황을 인식하지만 그동안 하지 못했던 소비를 한꺼번에 하는 보복 소비
에 대한 요구도 동시에 늘어난다. 하지만 현실적으로 인플레이션 등 소
비 여력이 위축되어 있기 때문에 고급 상품과 저가 상품을 선택적으로
구매하는 크로스쇼핑이 늘어날 수밖에 없다. 이는 소비자들이 자신들
의 상황에 맞춰 주체적으로 소비를 조절하는 현상으로 볼 수 있다.

　실제로 고급 주류 시장의 성장세가 2022년 소폭 감소했는데, 이는
2022년 금리 인상과 인플레이션 때문에 소비자가 고급 술을 저렴한 브
랜드로 대체하거나, 아예 대체 상품을 찾는 경향이 강해졌기 때문이라

고 해석할 수 있다. 샴페인의 경우, 2021년 매출은 33% 증가했는데 모엣헤네시나 돔페리뇽, 뵈브클리코 같은 럭셔리 브랜드 매출이 늘었지만, 2022년에는 보다 저렴한 프로세코 와인이나 테킬라로 대체하는 양상이 증가했다.[17]

같은 맥락에서 초저가 딜을 제공하는 할인점이나 '미국의 다이소'라 불리는 달러 스토어Dollar Stores 같은 가성비 좋은 리테일러 역시 인기가 높아졌다. 반면 미국에서 오랜 시간 유기농 식품 분야 1위를 유지해온 슈퍼마켓 체인점 홀푸드마켓Whole Foods Market의 인기는 점점 하락하고 있다. 홀푸드마켓의 경쟁자이자 상대적으로 가격이 저렴한 트레이더조

돔페리뇽 샴페인(왼쪽) 대체제로 저렴한 프레스코(오른쪽) 판매가 늘고 있다.

Trader Joe's나 알디Aldi는 성장하는 추세다.

경기가 안 좋을 때 소비자는 생활필수품을 구매할 때도 품질이 비슷하지만 가격이 좀 더 저렴한 PB 상품을 선택한다. 또 평소 사용하지 않지만 가격이 보다 저렴한 새로운 브랜드에 눈을 돌리기도 한다. 이는 쇼핑의 '기능성' 역할이 강화된 것으로 해석할 수 있다. 반면 일종의 트릿treat(선물을 주거나 하는 보상의 의미)이 되는 상품에도 기꺼이 지갑을 여는데, 과거보다 경제 상황이 어려운 만큼 더 큰 만족을 얻고자 하는 경향이 커졌기 때문이다. 이는 욜로You Only Live Once의 양극화로도 표현할 수 있다.

GWI의 조사에 따르면[18] 54%의 소비자가 지난 6개월간 생활비 지출이 늘었다고 답했고 31%는 2년 전보다 씀씀이가 줄었다고 밝혔다. 67%가 인플레이션이 어느 정도 혹은 강한 영향을 끼쳤다고 답했고, 25%가 재정적으로 굉장히 불안정하다고 답했다.

다양한 옵션이 주는 만족감

두 번째로 급증하는 소비 현상은 다양성을 추구하는 경향이다. 불확실성이 증가하면 소비자는 자신의 힘과 통제할 수 있는 권한이 줄었다고 느끼게 되는데, 소비를 통해 통제감과 자율성을 되찾고자 하기 때문이다.

지난 몇 년간 정치·환경·경제·사회적 위기는 물론 실리콘밸리, 특히 테크 기업발 이슈는 사람들이 손쓸 틈도 없이 빠르게 진행되었다. 이러한 환경에서 자신의 영향력과 존재감을 제대로 발휘할 수 없었던 이들은 이에 대한 보상 심리로 소비를 통해 잃어버린 자존감을 회복하려고 하기 때문이다. 대표적인 예가 다양한 옵션 가운데 하나를 '선택'하는 소비 행위다. 여러 옵션 중에서 하나를 선택한다는 적극적인 행위가 통제감과 자율성을 느끼게 해주기 때문이다.

하버드대학교 교수진의 연구가 이 같은 주장을 뒷받침한다. 이 연구에서 본인이 '파워가 없다powerless'고 느끼는 참가자일수록 다양한 맛의 초콜릿 박스를 선택하는 확률이 20% 정도 높았다. 반면 본인이 '파워가 있다powerful'고 답한 참가자들은 맛의 종류가 적은 초콜릿 박스를 선택했다.[19] '파워가 있다'고 여기는 사람은 언제든 원하는 것을 살 수 있다고 느끼기 때문에 다양한 맛을 원하는 경향이 적었다. 반면 '파워가 없다'고 느끼는 소비자는 통제 범위를 벗어난 상황에 지속적으로 노출되며 줄어든 자율성을 회복하기 위한 수단으로 다양성을 추구하는 것으로 해석할 수 있다. 또 추가 실험에서 '파워가 없다'고 느끼는 사람들에게 주체성을 되찾게 하는 광고 슬로건을 읽게 하니 다양성을 추구하는 경향이 사라졌다. 즉 자율성이 향상되면 다양성 추구 경향이 낮아진다는 것이다.

불확실성이 커지면 다양성을 추구하는 경향이 증가한다.

경험하지 못한 과거를 그리워하는 세대

마지막으로 과거의 좋았던 기억을 회상할 수 있는 '노스탤지어 nostalgia' 소비 역시 급부상하고 있다. 노스탤지어가 고객에게 브랜드와의 연결감을 제공하는 역할을 하기 때문이다. 어떤 상품과 서비스를 소비함으로써 마음의 안정, 기분 전환 등 긍정적인 감정을 경험할 때 고객들은 마음을 연다.

노스탤지어를 추구하는 경향은 특히 패션 분야에서 두드러진다.

미국에서는 Z 세대가 1990년대~2000년대에 유행한 맥시스커트, 어그 부츠, 밑위가 짧은 배기 청바지, 아이비리그 스타일의 상징이었던 프레피 룩 등의 인기를 부활시켰다. 어그 부츠의 경우 2023년 5,000명의 10대를 대상으로 한 조사에서 패션 트렌드 2위, 2022년 검색 사이트 리스트Lyst에서 선정한 가장 핫한 브랜드 20위에 오르기도 했다. 한국에서는 2023년 1990년대에 유행했던 마리떼 프랑소와 저버Marithé François Girbaud 청바지나 리Lee, 스톰Storm, LF의 티피코시Tipicosi 등 X 세대 유행 브랜드가 다시 론칭되면서 새로운 인기를 끌고 있다.

Z 세대 중심의 노스탤지어 맥락의 브랜드에 대한 재조명은 Z 세대가 경험해보지 못한 시대에 대한 향수, 아네모이아anemoia로 보기도 한다.[20] 교복, 옥상, 매점 등의 요소로 1990년대 학교 감성을 그대로 재현한 뉴진스의 〈Ditto〉 뮤직비디오가 1990년대를 살아보지 않은 Z 세대에게 큰 인기를 얻은 것도 같은 맥락이다. 필자는 아네모이아뿐 아니라 암울하게 느끼는 현실에서 벗어나고 싶어 하는 Z 세대의 도피성escapism과 맞물려 노스탤지어 경향이 더 두드러진 것으로 해석한다.

밀레니얼 세대와 X 세대도 노스탤지어를 선호하는 경향이 강해졌다. 이들은 스마트폰이 탄생하기 전 아날로그 시대를 기억하는 세대다. 그 시절은 스마트폰 없이 약속 장소에서 만나고, 구글맵 없이 지도 한 장으로 여행을 떠났던 시절이다. 1990년대 낭만이 넘치고 끈끈했던 그 시절을 추억하는 이들의 노스탤지어는 경험한 적 없는 시대를 추억하는 Z 세대의 노스탤지어와는 차이가 있다.

Z 세대를 겨냥한 90년대 패션 브랜드 재론칭.

그럼에도 두 가지 노스탤지어 사이에 교집합이 있다. 바로 1994년부터 2004년까지 미국에서 방영한 시트콤 〈프렌즈Friends〉다. 〈프렌즈〉에 나오는 X 세대 스타일은 지금 Z 세대가 가장 열광하는 패션과 일치하는데, '레이철 패션', '모니카 패션' 등 등장인물별 스타일을 구분하여 코디에 참고하기도 한다. 한편 밀레니얼 세대와 X 세대에게 이 시트콤은 센트럴퍼크 카페, 모니카의 아파트에서 울고 웃던 주인공들의 끈끈한 우정을 되새기게 해주는 즐거운 회상 거리다.

노스탤지어를 자극해 성공한 비즈니스로는 2022년 10월 미국 맥도날드가 선보인 한정판 '성인용 해피밀'을 예로 들 수 있다. 어린이 전용 세트인 해피밀을 성인을 위한 메뉴로 리뉴얼한 것으로, 어른이 된 고객

〈프렌즈〉는 잘파 세대와 밀레니얼이 모두 공감하는 교집합의 노스탤지어다.

이 어린 시절 맥도날드에서 경험한 추억을 회상할 수 있도록 디자인하고 구성한 제품이다. 성인용 해피밀은 출시된 첫 주 폭발적인 반응을 일으켰고, 그 덕분에 맥도날드는 전년 동기 대비 매장 방문객 수가 37%나 늘었다. 세트에 포함된 피겨는 이베이에서 30만 달러(약 3억 6,000만 원)에 올라오기도 했다. 성인용 해피밀의 인기를 실감할 수 있는 가격이다.

성인용 해피밀의 인기는 불확실성이 큰 시대에 사람들이 집밥처럼 편안한 음식을 원하는 본능을 충족시켜주기 때문으로 설명할 수 있다. 미국에서는 이런 음식을 컴포트 푸드comfort food라고 부른다. 우크라이나-

어린 시절의 향수를 불러일으켜 성공한 맥도날드의 성인용 해피밀.

러시아 전쟁이 이어지고, 사회·경제적으로 어려운 상황이 지속되면서 소비자는 과거 향수에 젖을 수 있는 올드 푸드^{old food}를 원하게 된다. 맥도날드는 소비자의 이러한 심리를 간파하였고 전략이 정확히 적중한 것이다.

영국의 대표적 대형 마트 웨이트로즈^{Waitrose}에서는 소 정강이뼈, 소 볼살과 양의 목뼈 매출은 23%, 생선 머리 매출은 34% 증가했고, 스팸 캔 판매는 36% 늘었다. 웨이트로즈는 이러한 현상을 현대인들이 조상들의 식사를 그리워하기 때문으로 해석했다. 마치 우리가 힘들 때 할머니가 해준 음식을 원하는 것처럼 말이다.

맥도날드 성인용 해피밀의 인기는 타깃 소비자층에 대한 '관련성'과 '타이밍(노스탤지어 경험이 필요한 불확실성 시대)' 모두 잡은 성공적인 프로모션이다. 맥도날드 마케팅 수석 겸 고객 경험 리더^{CMO} 타리크 하산^{Tariq Hassan}은 "성인용 해피밀은 맥도날드의 경험 가운데 노스탤지어를 가장 확실히 불러일으키는 경험이며, 맥도날드의 성인 고객에게 관련성이 가장 높은 경험"이라고 언급했다.

영화 〈리틀 포레스트〉에서처럼 생활이 버거울 때 고향에 내려가 밥 짓고 감자 심고, 자연에서 얻은 재료로 만든 음식으로 밥상을 차리며 일종의 안식과 힐링을 느끼는 것 같은 메커니즘이다.

경기 침체를 리스크로 볼 것인가,
불확실성으로 볼 것인가

경기 침체처럼 불확실성이 최고조에 이르는 상황은 언제 다시 일어날지 예측할 수는 없다. 하지만 언젠가는 일어날 수밖에 없는 일종의 숙명 같은 현상이다. 또 경기 침체의 원인은 처한 상황과 시대적 요인에 따라 다르다. 그렇기 때문에 과거 사례에 100% 의존해 미래를 예측할 수 없지만 그래도 비슷한 상황을 참고하는 것은 위기를 극복하는 실마리가 될 수 있다.

사실 기업 전략에서 관건은 경기 침체를 리스크로 볼 것인가, 불확실성으로 볼 것인가의 문제로 귀결된다. 경제학자 프랭크 나이트Frank Knight는 리스크는 가능성의 범주 내에서 예측할 수 있는 상황인 반면 불확실성은 결과를 예측하는 것이 불가능할 뿐 아니라 어떤 일이 일어날지에 대한 것도 불확실한 상황으로 구분했다. 불확실성은 사업에 항상 존재하는 요소지만, 경기 침체기에는 불확실성이 모든 상황을 바꿀 정도로 지배적이다. 침체기가 얼마나 오래 지속될지, 소비자가 어떤 반응을 보일지, 또 소비자 행동에 생긴 변화가 이전으로 돌아갈지도 불투명하다. 그렇기 때문에 많은 기업이 당장 컨트롤할 수 있는 비용 절감에 집중하게 된다. 문제는 비용을 줄이면 단기적으로는 좋은 성과를 올릴 수 있지만 경기 침체기에 공격적으로 투자한 경쟁자들보다 성장 속도가 느려진다는 것이다.[21]

근대사에서 글로벌 경기 침체가 일어난 시기는 크게 세 가지로 구분할 수 있다. 1930년대(1929~1939), 1970년대(1973~1982)와 2000년대(2008~2009)다. 먼저 1930년대 글로벌 경기 침체 시대로 돌아가보자. 시리얼업계에서 켈로그가 포스트를 앞지른 것이 바로 경기 침체 시기였다. 원래 두 회사의 매출 규모는 유사한 수준이었다. 그런데 1930년대 경제 대공황 시기 포스트가 비용 삭감 정책을 시행하며 광고부터 줄인 반면 켈로그는 광고 비용을 오히려 2배나 늘렸다. 특히 당시 신제품이었던 라이스 크리스피즈Rice Krispies를 적극적으로 홍보하며 공격적인 마

1920년대 켈로그의 신제품 라이스 크리스피즈 광고.

케팅을 펼쳤다. 그 결과 경제 상황이 회복된 후 켈로그는 그간 쌓아놓은 인지도를 바탕으로 시리얼 시장을 점령할 수 있었고 순익이 30% 가까이 증가하기도 했다.

유사한 사례로 미국의 대표적인 자동차 기업, 크라이슬러를 들 수 있다. 크라이슬러는 1920년대 GM과 포드에 이어 시장에서 3위를 기록하던 기업이다. 그런데 크라이슬러는 경제 대공황기에 신모델 플리머스Plymouth를 대대적으로 프로모션했다. 그 덕분에 1933년 포드를 제치고 시장 2위로 등극할 수 있었다.

경기가 호황일 때는 소비 패턴을 파악하는 것이 큰 의미가 없다. 하지만 불황일 때는 변화하는 소비자의 소비 패턴을 이해하고 그에 맞추어 전략을 정교하게 수정하는 것이 기업에 큰 과제가 된다. 경기 침체가 지속되면 소비자가 자신들의 경제력 수준에 따라 소비 패턴을 바꾸기 때문이다.

고객의 감정적 반응을 이끌어내라

《하버드 비즈니스 리뷰》에 따르면 경기 침체기에 대응하는 소비자를 크게 네 가지로 구분할 수 있다.[22]

• 모든 종류 소비 줄이기slam-on-the-brakes: 경제적으로 가장 큰 타격을 받는

고객층으로 모든 종류의 소비에서 구매를 줄임.

- 단기적으로 소비 줄이기pained-but-patient : 회복 탄력성이 있고 장기적으로는 긍정적으로 느끼지만, 단기적으로는 생활수준을 유지할 수 있으리라는 확신이 적은 층. 이들 역시 절약하는 경향을 보이지만, '모든 종류 소비 줄이기'보다는 덜 공격적으로 줄임.
- 유사한 소비 수준 유지하기comfortably well-off : 현재 당면하거나 미래의 등락에 상대적으로 안정적인 소비자층으로 경기 침체 전과 유사한 소비 패턴을 유지하는 편. 소득 구간 중 상위 5%에 속하는 사람들.
- 오늘을 살아가기live-for-today : 저축에 대해 걱정하지 않고 경기 침체에 대한 대항으로 메이저 구매 결정을 좀 늦추는 패턴을 보임. 도시의 젊은 소비자, 렌트·경험을 선호하는 소비자.

이에 따라 마케터들은 고객 세그멘트를 다시 한번 점검해야 하고 상품 카테고리에 따라 고객층의 구매 패턴을 구분하는 방법을 다시 한번 살펴봐야 한다. 상품은 네 가지 카테고리로 나눌 수 있다.

첫 번째는 '필수재essentials'로 생존에 꼭 필요하거나 중요한 상품을 말한다. 두 번째 '트릿treats'은 즐기기 위한 목적으로 구매하는 상품을 뜻한다. 세 번째는 '구매를 연기할 수 있는 재화postponables', 즉 지연재로 말 그대로 필요하거나 원하는 상품이지만 구매를 추후로 미룰 수 있는 상품을 말한다. 네 번째는 '확장재expendables'로 필요 없거나 구매가 정당화되지 않는 상품을 말한다.

각각의 고객층에 맞게 세그먼트를 수정했다면 타깃층과 감정적 연결emotional attachment을 높일 방법을 강구해야 한다. 감정적 연결을 높이는 것이 중요한 이유는 무엇일까?

경기 침체 상황에서 소비자는 긍정적이거나 특별하게 느끼는 브랜드에만 지갑을 열기 때문이다. 즉 소비 규모 자체를 줄여야 하는 상황에서 어떤 것을 구매할지 선택해야 할 때 감정적 연결이 소비자 구매에 미치는 영향은 더 커진다. 지난 2008년~2009년 경기 침체와 관련된 많은 소비자 연구가 소비자-브랜드 감정적 연결과 결속bonding이 소비자 구매에 중요한 역할을 했다는 점을 뒷받침한다.

실무에서 관련된 사례로 치약 브랜드 크레스트Crest를 소개할 수 있

고객과의 감정적 연결을 강조하는 크레스트 광고.

다. 세계 금융 위기가 한창이던 2008년 크리스마스 시즌에 크레스트는 치아 미백 제품인 화이트스트립Whitestrips 광고에서 치약의 효능이나 효과는 전혀 설명하지 않았다. 광고를 보면 재즈풍 캐럴이 흘러나오고 젊은 여성이 고향에 도착한다. 그리고 하얀 치아를 자랑하며 미소 짓는 모습이 클로즈업되며 마무리된다. '크리스마스에는 가족이 있는 집에 갈 거야I'll Be Home for Christmas'라는 메시지만 전달하는 것이다. 여성이 이를 드러내며 활짝 웃는 장면 자체가 상품의 효능을 보여주는 역할을 하기도 하지만, 소비자에게 크리스마스는 '가족이 모이는 행복한 시간'이라는 감정적 메시지를 전달한다는 점에서 감정적 연결을 강화한 것이다. 경기 침체가 계속되었던 시기에도 이렇게 감정적 연결에 집중했던 기업은 더 좋은 성과를 거두었다.

2008~2009년 일어난 글로벌 경제 위기는 과거 두 번의 글로벌 경기 침체와 달리 기술 발전의 폭이 과거와 비교되지 않을 정도로 크게 발전한 시기였다. 이 시기에 일부 기업이 불확실한 환경에서도 폭발적으로 성장했던 기업들의 핵심 전략은 크게 두 가지다.

첫째, 기술을 이용해 혁신을 강조하며 시장을 창조하는 것이다. 우버, 에어비앤비, 그루폰, 벤모, 왓츠앱은 바로 이 당시(2008~2009년)에 창업한 기업들이다. 스타트업으로 시작해 지금은 유니콘 또는 유니콘을 바라보는 글로벌 서비스 기업이 된 이들은 경기 침체기 혁신에 올인한 것이 공통점이다. 그 결과 경기가 회복되었을 때 더 크게 성장하는 발판을 마련할 수 있었다.

즉 경기 침체기에 비용을 줄이고 불확실성을 두려워하는 대신, 적극적으로 혁신을 추진해 지금의 글로벌 서비스 기업이 될 수 있었던 것이다. 물론 여기서 핵심이 되는 것은 기술이다. 실리콘밸리 1세대 휴렛팩커드HP도 경제 대공황기였던 1939년 팔로알토의 창고에서 탄생했다.[23] 이렇게 기술을 앞세워 혁신에 기반한 상품을 선보이는 기업의 경우, 경기 침체기가 오히려 기회가 될 수 있다.

기업 또한 경기 침체를 마주하게 되면 앞서 개인의 사례를 언급한 것처럼 장기적인 관점보다 단기적 관점에 매몰되기 쉽다. 단기적 성과 지표에 집중하면 투자와 운용 비용을 낮추어 겉으로 보이는 단기적 성과를 높일 수 있기 때문이다. 그렇지만 경기 침체기에 M&A, 광고,

우버, 에어비앤비, 벤모, 왓츠앱의 공통점은 2009년 론칭했다는 것이다.

R&D에 투자한 기업의 성과가 비용 절감에 집중한 기업의 성과보다 높다는 것이 많은 사례를 통해 입증되고 있다.

맥킨지를 포함한 많은 기관의 연구에서 이를 증명했으며, 베인앤드컴퍼니의 연구에서도 1990~1991년 경기 침체를 지나면서 바닥에서 시작해 마켓 리더의 위치로 도약한 회사 수가 침체 전과 후보다 2배 정도 많다는 사실을 밝혀냈다. 시장에 도전해야 하는 이들에게는 경기 침체가 오히려 기회가 될 수 있다는 사실을 증명하는 것이다.

기업에서 위기를 극복할 수 있는 두 번째 방법은 강점을 적극적으로 홍보하는 것이다. 위기가 닥치기 전 배정되어 있던 예산을 줄이는 대신 소비자의 상황을 공략하는 동시에 경쟁자들과 뚜렷하게 차별화된 강점을 광고하는 것이다.

맥도날드의 경우 2008~2009년을 계기로 버거킹과 얌 브랜드(KFC와 피자헛을 소유한 모회사)의 시장점유율을 빼앗을 수 있었다. 당시 많은 브랜드가 광고 비용 등 비용 감축에 나섰지만 맥도날드는 오히려 광고를 대폭 늘려 글로벌 경기 침체로 가격에 민감해진 소비자에게 자사의 셀링 포인트를 강조했다. 맥도날드는 1달러, 2달러, 3달러짜리 등 저렴한 메뉴를 강조하는 전략으로 기존보다 낮아진 TV 광고를 현명하게 활용했다. 과감한 광고 전략으로 맥도날드는 위기를 넘기고 시장점유율을 키울 수 있었다.

소비자의 심리적 부담을 낮춰라

앞에서 언급했듯 소비자는 복합 위기 속에서 소비 규모를 줄이고 좀 더 신중한 소비를 하게 되었다. 또 불확실성이 커지는 매크로적 요인으로 개인이 통제력을 잃으면서, 소비 활동은 자율성을 되찾기 위한 목적을 띠게 되었다. 그 결과 다양성을 추구하는 경향이 강해지고 조금이라도 더 편안함을 얻을 수 있는 노스텔지어 소비가 부상하는 한편, 소비의 딜레마로 크로스쇼핑 경향이 두드러지고, 작은 프리미엄을 원하는 프리미엄화가 진행 중이다. 이런 경향을 고려해 기업은 다음과 같은 전략을 고려할 수 있다.

첫째, 상품의 옵션을 다양화한다. 여러 가지 선택지 가운데 소비자 본인의 취향에 따라 선택할 수 있는 상품 프로모션이나 서비스를 제공하는 것이다. 경기 침체기 고객들이 높은 만족도를 느낄 수 있도록 하는 전략으로, 소비를 통해 자존감을 회복하고자 하는 소비자들을 자극하여 직접적인 매출 증진으로 이어질 수 있는 중요한 전략 중 하나다. 이 전략은 타깃 소비자가 스스로 영향력이 없다고 느끼는 경우 더 효과적일 수 있다.

특히 Z 세대는 자신들의 생활을 영위하는 데 월급이 부족하다고 느껴 다른 세대보다 우울증을 많이 겪기도 한다.[24] 이런 Z 세대를 대상으로 오프라인 매장이나 소셜 미디어 마케팅을 막론하고 다양성을 강조해 주의를 끌고 기분을 환기할 수 있다. 예를 들어 편의점에서 디스플레이할 때 판매하는 아이스크림의 퀄리티나 할인 여부를 강조하는 것보다 다양한 종류의 아이스크림을 보여주는 것이 더욱 효과적일 수 있다는 것이다. 또 카페에서는 원두의 선택지를 늘린다면 고객들이 매일 마시는 커피지만 원두를 직접 선택하며 기분을 전환할 수 있다. 버거킹은 '원하는 대로 버거를 드세요Have It Your Way'라는 슬로건으로 고객이 자유롭게 재료를 선택할 수 있는 '커스터마이제이션' 옵션을 강조해 이 전략을 더욱 극대화하기도 했다.

둘째, 상품 개발과 포지셔닝에 필수재의 요소를 반영하는 방법이다. 경기 불황으로 심리적 압박감이 커질 때 소비자가 취할 수 있는 가장 기본적인 대응 전략은 소비를 줄이는 것이다. 재미있는 점은 불확실성 속에서 소비자들이 필수재를 정의하는 관점이 변화한다는 것이다. 이 관점은 두 가지를 시사한다. 하나는 필수재를 판매하는 브랜드는 경기가 악화되어도 상대적으로 영향을 덜 받는다는 것이다. 다른 하나는 비필수재를 판매하는 브랜드라면 그 상품이나 서비스가 '필요한' 상황을 강조해야 한다는 것이다.

베타브랜드Betabrand가 좋은 사례다. 베타브랜드는 요가복과 정장을 결합한 요가 팬츠를 판매하는 브랜드다. 직장에서도 입을 수 있다는 의미로 'DPYPDress Pant Yoga Pants'라는 용어를 만들어 자사 제품이 요가 팬

베타브랜드는 직장에서도 입을 수 있는 요가복이라는 포지셔닝으로 향락·필수재 역할을 강조해 구매를 '정당화'하는 계기를 제공했다.

츠처럼 편안한 바지임을 강조했다. 요가처럼 일종의 탐닉·향락적 활동뿐 아니라 직장에 입고 다닐 수 있는 필수재로 포지셔닝함으로써 소비자가 자신들의 구매를 정당화할 계기를 만들어준 것이다. 이 전략을 사용하기 위해서는 소비자가 기업의 브랜드나 상품을 필수재로 보는지, 희망재로 보는지 먼저 파악해야 한다. 간단한 서베이나 포커스 그룹 리서치 혹은 소셜 미디어에서 오가는 대화를 조사하는 방법, 즉 소셜 리스닝을 통해 파악할 수 있다.

SUMMARY ←——————————————————————————————

---

1 급변하는 환경 속에 무력감을 느끼는 소비자를 위해 다양한 옵션을 제
공하여 스스로 선택할 수 있는 자율성 높인다.

---

2 요가복과 정장을 결합하는 등 비필수재 상품에 필수재 요소를 반영한다.

---

3 불확실성이 높아진 시기에 소비자는 어린 시절의 향수를 떠올릴 수 있
는 상품과 서비스를 소비하며 심리적 안정감을 얻는다.

---

4 경기 침체기에는 단기적 성과에 매몰되기보다 장기적 관점에서 혁신을
시도해야 한다.

7장

자신만의 '젊음'의 기준을 찾다

#나이를재정의하다 #의식적게으름

#논알코올열풍
#유연한채식주의
#수면경제

　　　　　시간이 경과함에 따라 나이를 먹는 것이 아니
라 개인의 노력으로 자신만의 나이를 재정의하는 시대다. 기업에서
는 고객들이 젊음을 유지할 수 있는 다양한 상품과 서비스를 내놓고
있다. 한편 팬데믹을 겪으며 신체적 건강 못지않게 정신 건강에 대한
관심이 높아지면서 바쁜 일상 속에 '불멍', '물멍' 등으로 의식적인 게
으름을 취하는 트렌드도 나타났다.

젊은 피를 수혈받으면 회춘할 수 있을까? 젊음을 되찾기 위해 영화에나 나올 법한 일을 직접 실행에 옮긴 이가 있다. 미국의 억만장자 브라이언 존슨Bryan Johnson 의 이야기다.

2023년 45세인 그는 17세인 아들의 피를 수혈받아 18세의 몸으로 돌아가고자 했다. 나이가 어린 사람의 혈장을 공급받아 노화를 늦추기 위한 시도였다. 그뿐만 아니라 자신의 피는 70세인 아버지의 회춘을 위해 기증하기도 했다. 브라이언은 친아들의 혈장을 받기 전에도 이미 젊은 기증자들의 피를 수차례 수혈받았다.

혈장 교환이 주류 담론으로 등장한 것은 코로나19 기간이었다. 코로나 환자 중 일부가 체내에 항체가 형성된 사람의 혈장을 투여받아 회

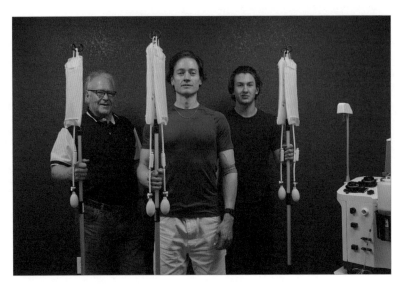

서로의 혈장을 교환한 브라이언 존슨의 아버지(왼쪽), 브라이언 존슨(가운데), 아들(오른쪽).

복했기 때문이다. 그러나 세계보건기구WHO는 2021년 이를 금지할 것을 권고했고, 브라이언 역시 수개월간 혈장을 수혈받은 끝에 중단 의사를 밝혔다. 큰 효과가 없다는 것이 이유였다. 하지만 그는 이 외에도 연간 200만 달러(약 25억 원)를 들여 자체적으로 노화 역행 프로젝트를 진행 중이다. 그의 일상을 들여다보면 대단할 정도로 까다로운 루틴으로 이루어진다.

- 5시 기상, 특별 스무디와 60여 가지의 보조제를 먹고 난 후 체육관에서 1시간 운동하기.

- 엄격한 계산 아래 구성한 슈퍼 베지super veggies로 아침 식사하기.
- 적외선과 초음파 테라피를 받고 40개 이상의 보조제 추가로 섭취.
- 마지막 식사는 오전 11시에 마치기.
- 일하는 시간은 9시~6시를 정확히 지키며 저녁 8시 30분에 취침하기.

이 같은 루틴을 따르고 혈장을 교환하는 등 노화를 늦추기 위해 30명의 의료진과 함께 프로젝트 블루프린트Project Blueprint를 진행 중이다. 브라이언 존슨은 디지털 결제 시스템 벤모를 창업한 브레인트리의 수장으로 2013년 벤모를 페이팔에 8억 달러(약 1조 600억 원)에 팔아 충분한 재력을 가진 기업가니 가능한 일이다. 브라이언은 사람들이 새로운 아이디어에 마음을 열기 바라며 이러한 시도를 했다고 밝히며 향후 3세대 혈장 교체와 관련된 모든 데이터를 공개하겠다고 언급했지만, 프로젝트 블루프린트에 대해 공개적으로 언급한 후 엄청난 비판을 받기도 했다.[1] 브라이언의 시도처럼 과연 기술로 10대인 Z 세대, 부모인 X 세대, 조부모인 베이비붐 세대, 3대는 시간을 거스를 수 있을까?

나이에 대한 고정관념이 뒤바뀌다

매해 돌아오는 생일, 우리는 한 살 더 먹는 것을 축하한다. 나이 듦은 인간의 숙명이다. 나이를 '먹는다'는 표현은 나이가 몸속으로 들어가는 것을 의미한다고 한다. 내가 주인이며 스스로 성장한다는 뜻도 담겨 있다. 우리가 섭취하는 음식물이 몸을 구성하는 것처럼 내가 자의적으로 한 행동의 결과물이 바로 지금 나의 모습인 것이다.

한국에서 '바디 프로필body profile 찍기'가 열풍이었다. 다시 돌아오지 않을 젊음, 최상의 모습을 기록으로 남기기 위해서였다. 육류 소비를 줄이고 오메가 3나 프리바이오틱스와 프로바이오틱스 등 기능성 식품 혹은 비타민 D 같은 보조제 섭취, 너트나 과일 등 건강한 식품을 섭취하려는 이유는 모두 건강하게 나이 들기 위해서일 것이다.

그런데 팬데믹을 겪으며 건강한 삶과 건강하게 나이드는 것에 대한 시각에 변화가 생겼다. 독자들도 삶에서 느끼는 행복에 신체적 건강뿐 아니라 정신적 건강과 타인과의 관계에서 비롯된 상호작용 또한 중요한 역할을 한다는 사실에 공감할 것이다.

2021년 마케팅 여론조사 회사 입소스Ipsos의 조사[2]에서도 미국인의 62%가 팬데믹 이전보다 자신의 건강의 중요성을 더욱 체감하게 되었다는 사실이 밝혀졌다. 실제로 많은 연구가 팬데믹 기간에 급격히 줄어든 사회 활동, 장기간의 고립, 직접적인 소통의 부재가 삶의 질 하락, 우울증 증가와 관계 있음을 말해준다.[3] 심리학적 변화로는 예측할 수 없는 상황에 대한 적응과 회복성resilience이 늘어났는데, 예측할 수 없는 환경에서 살아남고 그 안에서 새로운 방법을 찾아나가는 적응력을 기를 수밖에 없었기 때문이다.

하지만 이런 변화가 모든 나이대에 동일하게 적용되지는 않았을 것이다. 10~20대에 일어난 변화와 70대 이상이 겪는 변화의 정도는 다를 수 있다. 사실 나이에 따른 행복, 삶의 만족도 변화는 심리학에서 중요하게 다루는 주제다. 미국에서는 몇십 년에 걸쳐 이루어진 많은 연구에서 공통적으로 나이와 행복의 관계를 U 형태를 띠는 커브형 관계로 설명해왔다(216쪽 상단 그래프). U형 모델은 10~20대에 행복감이 높다가 40대에 최저치를 기록한 이후 50~60대를 넘어서며 다시 높아지는 패턴을 보여준다.

Z 세대의 부모인 X 세대에 해당하는 40대의 행복감이 낮은 이유는 무엇일까? 자녀 양육, 경제적 지원, 직장 업무 부담과 은퇴 준비 등 40대에 주어지는 여러 책임과 의무 때문이라고 해석할 수 있다. 50대에 접어들면 대체로 책임과 의무가 줄어들고, 60세 이후에는 은퇴 후 연금을 수령하기 때문에 재정적 안정성이 높아지면서 삶의 만족도와 행복감이 높아진다는 것이다.

그런데 2022년에 발표된 하버드대학교의 연구 결과가 흥미롭다. 나이와 행복도의 관계가 전통적인 U 커브와 달리 우상향 패턴을 보였기 때문이다(216쪽 하단 그래프). 웰빙을 행복감, 건강, 의미 찾기, 덕목, 관계, 경제적 안정성 등 여섯 가지 측면으로 측정해보았는데, 18~25세는 모든 영역에서 가장 낮은 점수를 기록한 반면 나이가 많을수록 모든 면에서 높은 경향을 보였다.

새롭게 우상향 패턴이 발견된 이유에 대해 타일러 밴더윌리Tyler VanderWeele 교수는 팬데믹을 그 이유로 꼽았다. 연구가 진행되던 당시는

미국인 연령별 행복도

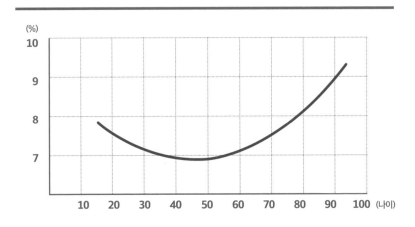

출처_인구경제학 저널 Journal of Population Economics (2017년 1월)

웰빙-나이 상관관계

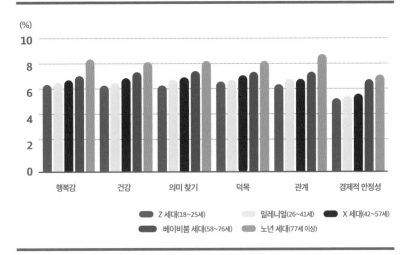

출처_하버드대학교(2022년 9월)

오미크론 변이 바이러스 때문에 예상보다 팬데믹이 길어져 모두가 고통받는 시기였다. 최악의 상황에서 마약과 알코올 등 수많은 유혹에 넘어가는 미국의 젊은이들이 많았다. 40대 이상 세대보다 여러 관계가 정립되지 않고, 그 관계도 디지털과 소셜 미디어에서 맺은 느슨한 관계이다 보니 10~20대가 느끼는 행복과 삶의 만족도가 낮아진 것이 원인이었다. 물론 직접적 인과관계로 보기보다는 상관관계의 측면으로 봐야 할 테지만, 팬데믹으로 오랜 시간 고정되었던 나이와 행복감의 관계조차 변화했음을 보여준다.

건강 챙기며 맥주를 즐기는 이들

앞에서 언급한 브라이언 존슨만큼 젊음을 위한 억대 투자를 하지는 못하더라도 최근 '나이를 먹는' 과정에서 신체적 건강뿐 아니라 정신적 건강을 지키기 위한 움직임이 커지고 있다. 특히 논알코올과 제로 슈거 zero-sugar 시장의 확대가 주목할 만하다. Z 세대는 과음을 하기보다 즐기기 위한 음주 문화를 지향하며 보다 건강한 라이프스타일을 위해 논알코올 시장의 성장을 견인하고 있다. 논알코올 음료 시장은 전 세계적으로 1조 4,500억 달러(약 1,938조 원) 매출을 창출하며 연간 4.56%씩 성장하고 있으며 미국이 가장 큰 비중을 차지한다. 2023년 4,965억 달러(약 663조 원)의 매출을 거둘 것으로 전망하고 있다.[4]

최근 한국에서 일어난 '제로 열풍'도 같은 선상에 있다. 제로 슈거 탄산음료는 물론이고 제로 슈거 스낵, 제로 슈거 소주까지 등장하는 중이다.

소비자가 논알코올 음료를 소비하는 이유는 세대마다 차이가 있다. 2022년 미국 소비자 조사[5]에서 전년보다 논알코올 음료를 가장 많이 소비한 세대는 Z 세대였다. Z 세대는 2021년보다 2022년에 논알코올 음료를 38%나 더 소비한 것으로 나타났고, 밀레니얼 세대는 25%, X세대는 15%, 베이비붐 세대는 8% 더 소비한 것으로 조사되었다.

Z 세대가 알코올에서 논알코올로 '갈아탄' 가장 주된 이유는 '알코올

전 세계 논알코올 음료 시장 추세

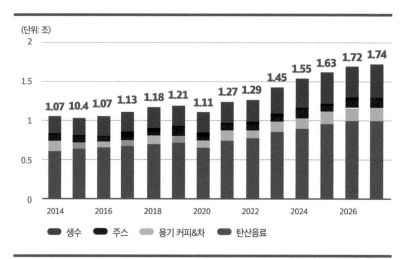

출처_스태티스타(2023년 3월)

소비를 줄이기 위해서'였다. '더 건강한 라이프스타일을 위해서', '제로 슈거·제로 칼로리 옵션이라서' 선택했다는 이유가 그 뒤를 이으며 대부분 건강한 음주 생활을 위해 논알코올을 선택한다는 사실을 알 수 있다. 반면 '맛이 좋아서' 논알코올을 선택했다는 비율이 가장 낮았는데, 밀레니얼 세대에서는 '맛이 좋아서' 논알코올을 선택한 비율이 2위를 차지했다는 점에서 세대별로 논알코올을 즐기는 이유가 다르다는 것을 확인할 수 있다.

한 가지 재미있는 것은 Z 세대가 전년보다 레드 와인을 더 소비할

세대별 전년보다 논알코올 음료를 더 많이 소비한 이유

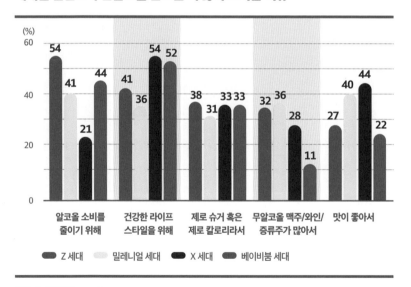

출처_스태티스타(2022년)

것이라고 예측했다는 점이다. 주로 데이트를 할 때나 특별한 이벤트가 없어도 마실 거라는 이들이 많았다. 이전 세대가 알코올을 섭취하고 싶을 때 주로 맥주를 마셨다면 Z 세대는 이를 레드 와인으로 대체하고 있음을 알려준다.

그들의 유연한 채식 생활

건강에 대한 관심 증가와 함께 유연한 채식 생활이 더욱더 확산되고 있다. 특히 미국과 영국, 프랑스와 독일에서 '유연한 채식주의 flexitarianism' 또는 캐주얼 베지테리언 casual vegetarianism 이 증가하고 있다. 플렉서타리아니즘은 채식주의의 가장 낮은 단계로, 기본적으로 채식을 지향하지만 제한적으로 붉은 육류(소고기, 돼지고기)를 소량 섭취하는 식단이다. 너무 엄격한 식생활 규제는 오히려 또 다른 스트레스를 초래할 수 있고, 엄격한 채식을 유지하는 것은 현실적으로도 어렵기 때문이다. 또 팬데믹 전보다 건강식, 신선식품 섭취량은 늘리는 한편 가공식품과 설탕 줄이기는 증가했다.[6] 건강과 지속 가능성 둘 중에서는 건강을 더 우선시하는 것으로 나타났다. 이러한 수요에 발맞추어 식품 산업도 더욱 분발해야 할 것으로 보인다.

조사에 따르면 로컬 슈퍼마켓에서 판매하는 건강 카테고리 식품에 대해 소비자의 3분의 2가 만족하지 못한다고 대답했기 때문이다. 다양

육류 섭취를 허용하는 유연한 채식주의가 늘고 있다.

유연한 채식주의자 증가 추이

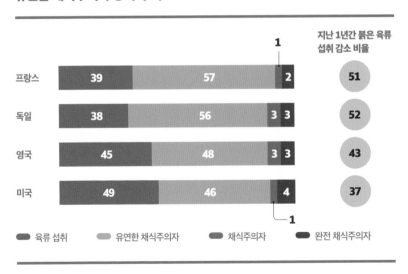

	육류 섭취	유연한 채식주의자	채식주의자	완전 채식주의자	지난 1년간 붉은 육류 섭취 감소 비율
프랑스	39	57		2 / 1	51
독일	38	56	3	3	52
영국	45	48	3	3	43
미국	49	46		4 / 1	37

출처_맥킨지(2022년 10월)

성이 부족하다는 것이 가장 큰 이유였다. 또한 식물성 단백질 제품을 시도해본 소비자 가운데 50% 넘는 비율이 여전히 동물성 단백질의 맛을 선호하는 것으로 나타났다. 이는 식물성 단백질의 맛과 식감을 더욱 개발해야 할 필요가 있음을 시사한다.

숙면도 산업이 된 시대

건강을 중시하는 트렌드는 수면 경제sleep economy 성장으로도 이어지고 있다. 223쪽 그래프를 보면 미국인이 건강 유지를 위해 실제로 취한 행동 가운데 1위는 건강 보조제 섭취(49%), 충분한 수면과 휴식(44%), 처방받은 약을 잘 챙겨 먹기(42%), 칼로리 태우기 등의 운동(37%), 식단 조절(33%) 순이었다. 그런데 좀 더 많이 했으면 좋았을 것이라고 생각한 행동의 순위는 약간 다르다. 운동(35%), 충분한 수면(28%), 일반적인 신체 활동 유지(26%), 건강 보조제 섭취(21%), 마음챙김mindfulness 실천(19%) 등이 그 뒤를 따른다. 즉 운동과 충분한 수면 부문에서 실천해야겠다는 마음-실제 취하는 행동에 차이가 존재하는 것이다.

수면의 중요성에 대한 인식이 높아지면서 관련 상품과 명상 등의 서비스 산업도 성장했다. 질 좋은 수면을 취하기 위해 수면 보조제와 수면 보조 기구, 메모리폼 등 수면에 도움을 주는 침구를 구매하는 것은 물론, 마음챙김을 배우고 실천하는 이들이 늘었기 때문이다. 명상 서비스

미국인이 건강을 위해 취한 행동

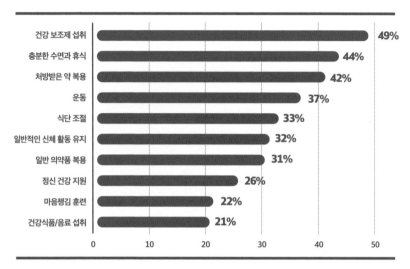

건강 보조제 섭취	49%
충분한 수면과 휴식	44%
처방받은 약 복용	42%
운동	37%
식단 조절	33%
일반적인 신체 활동 유지	32%
일반 의약품 복용	31%
정신 건강 지원	26%
마음챙김 훈련	22%
건강식품/음료 섭취	21%

출처_하트만 그룹, 스태티스타(2021년)

미국인이 건강을 위해 실천하고자 하는 행동

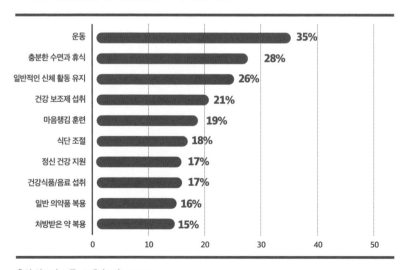

운동	35%
충분한 수면과 휴식	28%
일반적인 신체 활동 유지	26%
건강 보조제 섭취	21%
마음챙김 훈련	19%
식단 조절	18%
정신 건강 지원	17%
건강식품/음료 섭취	17%
일반 의약품 복용	16%
처방받은 약 복용	15%

출처_하트만 그룹, 스태티스타(2021년)

로는 캄^{Calm}과 헤드스페이스^{Headspace}가 글로벌 1, 2위를 다투는데, 캄의 경우 2021년 기준 앱 다운로드 1억 회, 300만 명 이상의 서브스크립션 멤버를 자랑하며, 2022년 매출은 3억 3,000만 달러(약 4,390억 원)에 이른다. 2020년 2억 달러(약 2,660억 원)에서 1년 동안 무려 66%나 증가했다. 헤드스페이스 앱은 2021년 기준 6,500만 회 이상 다운로드되었으며 매출은 2020년 1억 5,000만 달러(약 1,990억 원)에서 2021년 2억 2,000만 달러(약 2,930억 원)로 50%나 늘어났다.[7] 팬데믹 기간 스트레스와 외로움 등을 마음 수련과 명상으로 달랜 이들이 많았기 때문으로 볼 수 있다.

마음챙김과 게임의 상관관계

잘파 세대 중심으로 게임 기능이 힐링, 테라피로 확장되는 추세다. 이에 따라 심리적 안정을 위한 마음챙김 게이밍^{mindful gamining}이 떠오르고 있다. WHO에 따르면 팬데믹이 전 세계를 강타한 첫해 불안과 우울증이 무려 25%나 증가했고,[8] 코로나19 증후군으로 브레인 포그^{brain fog}, 즉 머리에 안개가 낀 것처럼 멍한 상태가 되는 신경학적 증상이 나타났다. 그런데 불안과 우울증, 스트레스를 해소하는 게임의 긍정적 효과를 주목받게 된 것이다.

미국의 경우 게이머의 55%가 스트레스를 완화하기 위해 게임을 한 것으로 나타났고, 게임이 테라피의 하나로 이용되고 있다. 여러 의학 연구도 비디오게임이 우울증과 불안을 완화하는 데 효과가 크면서도 비용은 적게 드는 효율적인 치료법이라고 설명한다.[9] 영국과 중국에서는 VR 게임을 알츠하이머와 치매를 치료하는 데 이용하기도 한다. 과거에는 간과했던 게임의 효용에 주목하면서 게임을 의료와 연결한 서비스도 등장하고 있다. 2022년 3월 탄생한 딥웰^{Deepwell}[10]은 의사와 게임 개발자가 함께 창업한 스타트업으로 정신 건강을 위한 치유와 셀프 케어에 게이밍을 적용했다. 딥웰이 첫 번째로 론칭한 게임은 심하지 않은 경도의 우울증과 불안을 치료하기 위한 것으로 2023년 내에 서비스를 선보일 예정이다.

게이밍이 주목받으며 미국 학계에서는 게이밍 비디오 콘텐츠의 카테고리 중 하나인 e스포츠^{eSports}가 급부상하고 이용자도 급증했다. e스포츠의 대표적 종목은 리그 오브 레전드$^{League of Legend, LOL}$나 스타크래프트^{StarCraft}로 팀을 구성해 대결하는 게임인데, 각종 대회에 필요한 스폰서십과 광고, 상품과 경기 티켓 판매, 스트리밍, 게임 퍼블리셔가 중요한 구성 요소다. 미국인은 NFL처럼 실제 몸을 사용한 격렬한 스포츠를 좋아하지만, 코로나19 때문에 그 열정이 온라인 게임 스포츠로 옮겨 간 것이다. 2020년 이루어진 한 조사에서는 미국인 응답자 중 20% 정도가 라이브 스포츠 대신 e스포츠로 옮겨 간 것으로 나타났다.

e스포츠에 대한 관심과 성장이 약간은 의외인 것이, 필자도 대학 재학 중이던 1999년 론칭한 스타크래프트를 처음 접하고 밤새워 배틀넷 $^{battle.net}$(온라인상에서 팀을 만들어 상대를 공격하는 게임)을 하곤 했다. 그런데

딥웰에서 정신 건강을 목적으로 개발 중인 게임 유튜브 캡처.

당시만 해도 게임하며 밤을 새우는 것은 혼날 일로 여겨졌지 칭찬받을 일은 아니었고 게이머를 장래가 유망한 커리어로 보지는 않았다. 하지만 이제 e스포츠는 상업적 면에서도, 교육적 면에서도 잘파 세대를 위한 중요한 주제가 되었다. 필자가 재직 중인 경영대학에서도 2022년 e스포츠 과목을 개설했고, e스포츠 아레나(경기장)를 만드는 등 e스포츠가 학생들의 창의성과 중요한 커리어 중 한 영역이라고 강조한다. 이를 통해 마음 챙김 게이밍을 포함해 게이밍의 효과에 대한 시각이 변화했다는 것을 실감할 수 있다.

게으름의 시간이 필요하다

'멍 때리기 대회'를 기억하는가? 2017년 서울 한강에서 시작해 2023년에 6회를 맞은 멍 때리기 대회는 총 90분 동안 말도, 어떠한 행동도 하지 않고 멍한 상태를 유지하는 대회다. 참가자가 안정적인 심박 수를 유지하는 것도 중요한 평가 기준이라 참가자별로 심박 수와 시민 투표와 합산해 우승자를 선정한다.[11] 전문가들은 멍 때리기가 기억력을 높이고 창의적인 생각을 이끌어낼 좋은 기회라고 평가한다. 'DMN Default Mode Network'이라는 뇌의 특정 부위가 활성화되면서 뇌가 리셋되고, 더 생산적으로 일할 수 있는 상태가 되기 때문이다.[12] 처음 개최되었을 때만 해도 약간은 의아했던 멍 때리기 대회는 바쁜 현대인들게 아무것도 하지 않는 시간의 가치를 되새기는 계기가 되었다. 정신 건강에 대한 관심이 높아진 지금 멍 때리기처럼 의도적으로 머리를 비우는 '의식적 게으름'이 더욱 주목받고 있다.

아무 생각 없이 무언가를 하염없이 바라보는 '불멍'이나 '물멍'에 열 광하는 것이나 조용한 곳을 찾아 일상생활에서 벗어나고자 하는 캠핑 이 붐을 이루는 배경에도 의식적 게으름을 원하는 마음이 반영되어 있 다. 게으름이란 소파에 누워 있는 것만 의미하는 것이 아니라 마음을 쉴 수 있는 다양한 반복적 또는 오락적 작업을 포함한다. 흐르는 강물, 타오르는 장작불을 시간의 흐름에 따라 멍하니 바라보는 것 등은 내가 의식적으로 피우는 게으름에 해당하는 것이다.

몸과 마음의 평화보다 생산성을 중요하게 여기는 분위기 속에서 레 저에 대한 시각이 변화하고 있고 아무것도 하지 않는 것을 '의미 없음' 이 아니라 '필요함'으로 인식하고 있음에 주목해야 한다. 한가함과 게으 름이 같은 뜻으로 인식되곤 하지만, 앞에서 언급한 의식적 한가함idleness 은 창의성의 촉매제가 될 수 있고 몸과 마음의 행복에도 필수 요소다. 한가로움은 일종의 성찰을 가능하게 하는 심리적 반응으로 정의할 수 있는 반면, 주의를 집중시키는 것보다 오히려 회복력이 강해 혁신과 아 웃풋을 내기에 더 좋을 수 있다. 문제에 시달리지 않는 순간은 두뇌가 창의적으로 자유롭게 확장할 수 있는 능력을 부여한다. 즉 아무런 목적 없이 멍한 상태에서 자유롭게 방황하는 것이 새로운 창의적 돌파구로 이어질 수 있다는 것이다. 요크대학교와 캘리포니아대학교에서 진행한

연구에 따르면 창의적 돌파구의 40%는 다운 타임임이 드러났다.[13]

의식적 게으름은 특히 디지털 노매드(노트북, 스마트폰 등 디지털 기기로 원하는 곳에서 자유롭게 일하는 사람)에게 어필할 수 있다. 이들은 시간을 유연하게 쓸 수 있다는 긍정적인 면도 있지만 정작 여유 시간을 어떻게 쓸 것인가에 대한 문제, 일과 생활의 밸런스, 디지털에서 적절히 벗어나는 것이 건강한 삶을 영위하는 데 중요한 요소다. 특히 팬데믹 기간에 시간이 빨리 흐르는 것처럼 느끼는 시간 수축 효과가 커졌고, 일과 여가의 경계가 모호해졌으며, 일과 놀이 사이 경계 또한 모호해져 근무 시간이 늘어났기 때문이다. 그렇다면 디지털 노매드는 얼마나 많을까? 놀랍게도 2022년 실시한 조사에서[14] 미국인 중 1,690만 명이 디지털 노

'불멍', '물멍', 캠핑은 디지털 시대에 필요한 의식적 게으름을 반영한다.

매드로, 전 세계 디지털 노매드의 48%로 1위를 차지했다. 세대별로 보면 밀레니얼이 47%로 가장 많았고, X 세대 23%, Z 세대가 17%로 그 뒤를 따른다. 직종별로는 IT가 가장 높은 비율(21%)을 보였고, 크리에이티브 서비스(12%), 교육·트레이닝(11%), PR·마케팅·세일즈(9%), 파이낸스·회계(9%) 순이다. 그런데 북미에서 캠핑을 하는 사람들 중 가장 큰 비중을 차지하는 연령대가 밀레니얼(40%), 그리고 X 세대가 비슷한 비율로 1, 2위를 차지하는 것은 의식적 게으름의 측면에서 보면 우연이라고 하기 어렵다.[15] 그리고 이를 겨냥한 '불멍', '물멍' 관련 상품이 출시되고 있는 것도 같은 맥락이다.

소셜 미디어에서 많은 크리에이터가 반자본주의라는 새로운 틈새시장을 개척했다. 어쩌면 사람들이 '아무것도 안 하는 방법'을 모를 수도 있지만, 아무것도 하지 않음do nothing의 필요성과 일과 여가 사이 건강한 균형의 중요성을 점점 더 인식하고 있다. 만성적인 번아웃의 현실, 조용한 퇴직quite quitting을 선호하는 Z 세대, 디지털 노매드를 포함해 여유 시간을 어떻게 보내느냐가 더욱더 중요한 관심사가 되었다. 이러한 변화에도 관심을 가지고 아무것도 하지 않음을 강조하는, 의식적 게으름을 장려하는 서비스와 공간 기획 등을 고려해보는 것도 새로운 기회가 될 수 있다.

전략 포인트 ←

고객의 나이를 재정의하라

이제 기업은 고객의 신체 나이와 상관없이 개개인이 현재 가지고 있는 역량과 권한을 강화하는 방향으로 서비스와 상품을 개발해야 하며 소통하는 메시지에도 이를 반영해야 한다. 자신만의 젊음, 삶의 의미와 정체성을 찾도록 도와주는 상품과 서비스가 필요하다는 것이다. 나이 드는 과정에서 심적으로 가장 힘들게 하는 것이 자신이 능력과 가치를 잃었다는 느낌이다. 그러한 느낌을 해소하기 위해서는 자신의 능력에 믿음을 가지는 자기 효능감을 되찾도록 하는 것이 중요하다.

이를 위해서는 소비자로 하여금 자신들의 가치를 있는 그대로 바라보고 긍정적으로 자연스럽게 나이 듦을 받아들여야 한다는 메시지를 전하는 것이 효과적일 수 있다. 배우 윤여정과 김혜자, 유튜버 밀라논나 등이 공통적으로 강조하는 메시지도 나 자신을 있는 그대로 받아들이는 것이 아름답게, 나답게, 자연 친화적으로 '웰에이징well aging' 하는 방법이라는 것이다.[16]

자기 효능감을 높이려면 신체적 노화를 관리하는 것도 중요하다. 주름, 흰머리, 탈모 등 신체적 변화는 자신감이 떨어지는 가장 큰 요인이기 때문이다. 뷰티 브랜드 베터 낫 영거Better Not Younger는 특히 여성에게 자기 자신을 표현하는 가장 중요한 수단이라 여겨지는 헤어스타일 고민에 초점을 맞춰 성공한 곳이다. 40~50대 이상, 즉 X 세대 이상 고객을 대상으로 나이와 함께 변하는 머릿결에 대한 고민, 머리카락의 볼륨감이 사라지는 것에 대한 고민 등에 집중해 세럼과 보조제 등의 상품을 론칭했다. 2019년 DTC로 론칭한 후 2년간 세포라와 독점 계약을 맺고 입점했다가 2021년 가을에는 뷰티 리테일러 얼타 뷰티^{Ulta Beauty}의 600개에 달하는 매장에 상품을 판매했다. 이전까지는 HSN이라는 TV 홈쇼핑 위주의 판매를 추진했는데, 57세인 CEO가 직접 출연해 30만 달러(약 3억 9,000억 원) 이상의 매출을 올리는 등 타깃 고객에게 인기를 끌

X 세대 이상 고객을 타깃으로 한 베터 낫 영거.

었다. 2020년부터 총 380만 달러(약 50억 6,100만 원)의 펀딩을 유치하기도 했다.[17]

사실 얼타 뷰티는 Z 세대에게 인기가 높은데, 이례적으로 연령대가 높은 소비자를 대상으로 하는 브랜드가 입점하게 된 것이다. 쉽지 않은 결정이었지만 이 파트너십을 통해 얼타 뷰티는 고객층을 좀 더 확장할 수 있는 기회를 얻었고, 베터 낫 영거는 일반 리테일을 통해 브랜드 인지도와 매출을 높이는 기회를 얻었다.

한편 기업에서는 건강한 삶에 대한 관심 증가로 운동에 대한 수요가 늘어난 것을 감안해 관련 디지털, 오프라인에서 이용 가능한 운동 관련 서비스로 확장하는 것도 고려할 수 있다.

룰루레몬Lululemon의 경우 2023년 6월 엑스포넨셜 피트니스Xponential Fitness와 파트너십을 맺고 '룰루레몬 스튜디오Lululemon Studio'라는 운동 프로그램을 론칭했다. 엑스포넨셜 피트니스는 요가식스 등 부티크 스타일 피트니스 브랜드다. 룰루레몬은 2021년 실시간 영상 수업을 통해 디지털 홈 피트니스를 제공하는 미러Mirror를 인수한 후, 2022년 10월 서브스크립션 서비스로 룰루레몬 스튜디오를 론칭한 것인데, 한 달에 39달러(약 5만 원)를 낸 멤버에게 스마트 미러 액세스, 룰루레몬 제품 할인, 1만 개 이상의 스트리밍 클래스 시청, 운동 코치와의 세션 같은 혜택을 제공해 Z 세대에게 인기를 끌 수 있었다. 즉 온·오프라인을 적절히 활용해 오픈한 지 6개월 만에 800만 명이 넘는 멤버를 유치하며 인기를 끌었고, 룰루레몬의 2023년 1사분기 매출 또한 24%나 늘었다.[18]

한국의 경우 건강과 운동 챙기기가 일상화되면서 운동 자체를 마케팅에 활용하는 경우도 눈에 띈다. '오운완(오늘 운동 완료)'은 일상 용어가 되었고, 인스타그램에서 #오운완 해시태그를 단 게시물은 604만여 개를 넘는다(2023년 6월 기준). 하림은 소비자와 임직원을 대상으로 2023년 6~7월 '2023 탄탄루틴챌린지 2기'를 진행했다. 건강한 식습관과 운동 루틴 만들기를 응원하고자 진행한 프로그램으로 하림 제품을 활용한 식단과 운동 모습을 소셜 미디어 인증해야 하는데, 우수 챌린저 6인에게 50만 원 상당의 피트니스 이용권과 바디 프로필 촬영권을 경품으로 제공했다.

한편 한국 KFC는 2023년 5~6월 '헬짱 데뷔전에 도전하라'라는 프로모션을 진행했다. 참가자들은 KFC 버거 인증숏, 포즈와 식단, 운동 등 미션을 수행하고 인증숏을 필수 해시태그와 함께 업로드하면 챌린지가

운동 프로그램을 론칭해 온·오프라인을 연계한 룰루레몬 스튜디오.

완료된다. 이렇게 미션 수행 등의 챌린지를 통해 보상을 제공하는 마케팅 기법 게이미피케이션gamification은 소비자와 브랜드의 관계를 돈독하게 하는 데 효과적이다. 많은 소비자 연구를 살펴보면 흥미를 느끼는 긍정적 감정은 고객 관여도를 높이고, 이렇게 해서 높아진 고객 관여도는 최종 대상인 브랜드를 긍정적으로 인식하고 평가하게 만드는 데 기여할 수 있다는 점에 주목하자.

마지막으로 기업에서는 건강한 식생활에 대한 소비자들의 요구와 변화하는 양상에 관심을 가질 필요가 있다. 논알코올 음료와 제로 슈거 제품이 증가하고 있지만 최근 아스파탐 관련 논란으로 새로운 국면을 맞고 있다. 앞에서 언급한 플렉서테리아니즘처럼 유연한 채식이 부상한 이유도 아직까지 채식 상품이 한정되어 있기 때문이기도 하다.

뉴욕을 상징하는 카츠델리Katz's Delicatessen는 1888년부터 같은 자리에서 호밀빵에 콘드 비프(소고기 통조림), 살라미, 파스트라미(훈제 고기)를 끼워서 서빙하는 루벤Reuben 샌드위치로 명성을 얻었는데, 이 샌드위치의 비건 버전을 판매하는 슈퍼마켓이 오차드 그로서Orchard Grocer다. 2017년에 문을 연 오차드 그로서에서는 비건 살라미 등 126개가 넘는 대체육 제품을 판매한다. 판매하는 모든 제품에 팜 오일을 일절 사용하지 않는 것으로도 유명하다.

아예 매장 이름을 비거니즘을 상징하는 이름으로 삼은 플랜트 XPlant X는 캐나다 밴쿠버의 슈퍼마켓으로, 식물성 단백질로 만든 새우, 육포, 버거, 유제품까지, 약 40종이 넘는 비건 유제품, 총 5,000여 종의 비건 상품은 물론 콜드 프레스트 주스 리틀 웨스트Little West 같은 자체 제품도 판매한다.[19] 원스톱 비건 쇼핑을 제공하는 것이다. 이처럼 다양한 베지테리언 옵션을 제공하는 슈퍼마켓과 음식점을 벤치마킹하면 앞으로 늘어날 기회를 잡을 수 있을 것이다.

SUMMARY ←————————————————————————

1 중년 여성의 헤어 상담을 전문으로 하는 베터 낫 영거처럼 소비자가 '자신만의 젊음'을 찾을 수 있는 상품과 서비스를 고려해야 한다.

2 운동 서비스를 제공할 때는 디지털과 오프라인을 연결하는 등 소비자의 편의성을 우선시해야 한다.

3 무알코올 음료, 제로 슈거, 채식 열풍에서 알 수 있듯이 건강하고 즐겁게 누릴 수 있는 F&B 시장은 더욱 성장할 것이다.

4 불멍, 물멍 등 의식적 게으름을 제공할 수 있는 상품과 서비스를 기획한다.

에필로그

잘파 세대 분석을 넘어
세분화된 전략이 필요하다

이 책에서 제시한 글로벌 마케팅 트렌드를 다시 한번 살펴보자. #날 추적하지마세요, #안티알고리즘, #연결되어있다는감각, #나보다우리 가더중요해, #내가바꾸는세상 #진지함보다는가벼움, #소비로자존감을 높이다, #나이를재정의하다 #의식적게으름 등 아홉 가지였다. 이 키워 드는 대부분 잘파 세대가 주도하고 있는 트렌드가 맞다. 하지만 몇 가 지 당부의 말을 남기고 싶다.

첫째, #소비로자존감을높이다, #나이를재정의하다, #의식적인게으 름 같은 키워드는 잘파 세대뿐 아니라 밀레니얼 세대, X 세대 등 모든 세대에게 적용 가능한 범용의 트렌드라는 것이다. 둘째, 이 책에서 잘 파 세대에 대한 다양한 특성을 언급하였지만 하나의 세대를 하나의 동질적 집단으로 바라보는 일반화의 오류를 범하지 않기를 바란다. 이 책은 잘파 세대에 대한 고정관념을 제시하는 것이 아니라 그들을 이해하는 단초를 제공하고자 한다. 잘파 세대를 둘러싼 글로벌 트렌드를 소비자 심리와 행동 분석을 통해 제시했다는 점을 다시 한번 강조한다. 더욱더 세분화되는 초개인화 시대에 개개인에 맞춘 전략을 구축하는 것도 중요하지만 거대한 흐름에 대한 거시적인 이해가 바탕이 되어야 하기 때문이다.

많은 기업이 이 책에서 언급한 다양한 사례와 트렌드를 살펴보고 한국의 잘파 세대를 열광시킬 수 있는 상품과 서비스를 만들어나갈 수 있기를 바란다. 이 책에서 다룬 것처럼 우버, 벤모, 아마존, 넥스트도어, 쇼피파이, 디스코드 등 글로벌 기업들은 알파 세대의 라이프스타일과 심리를 이해하고 이들을 겨냥한 서비스와 상품을 론칭하고 있다. 반면 글로벌 기업에 비해 국내 기업은 잘파 세대나 이 책에서 제시한 키워드에 대한 관심이 아직 적은 편이다.

다행인 것은 한국의 토스뱅크와 하나은행 같은 금융권과 무신사 키즈, 젝시믹스 키즈 같은 패션업계에서 이미 발빠르게 알파 세대를 겨냥한 서비스와 상품 라인을 론칭했다는 점이다. 잘파 세대를 타깃으로 하는 기업이나 브랜드는 앞으로 #안티알고리즘이나 #연결되어있다는감각, #진지함보다는가벼움 같은 주요 트렌드를 어떻게 상품과 서비스에 적용할 것인지 깊이 있게 고민해야 할 것이다. 또한 AR, VR의 대중화를 이끌 잘파 세대가 가상 공간에서도 자신의 정체성을 표현하는 것은 물론 DEI를 중요하게 고려한다는 것을 이해하고, 가상 공간에서 적용할 수 있는 브랜딩과 마케팅을 준비해야 할 것이다.

또한 기업들은 Z 세대 자녀-X 세대 부모, 알파 세대 자녀-밀레니얼 세대 부모의 관계와 연관성에도 관심을 가져야 한다. 예를 들어 밀레니얼 세대는 자녀인 알파 세대를 위해 최고의 브랜드를 엄선하는 세대로, 팬데믹으로 그 어느 세대보다도 부모와 많은 시간을 보낸 알파 세대 역시 이 경향을 직, 간접적으로 체득했을 가능성이 높다. 베인 앤드 컴퍼니가 잘파가 명품 시장의 3분의 1을 차지할 것으로 예상하는 것도 이러한 이유에서다. 그렇기 때문에 밀레니얼 부모나 알파 세대에게는 '최고'의 메시지를 강조하는 것이 효과적이다. 브랜드와 소비자 간 감정적 연결을 강화하는 것 역시 중요하다.

마지막으로 잘파 세대를 이해하는 것은 기업에 특히 HR, 기업문화, ESG 등에 있어서 중요한 시사점을 제공한다. 많은 기업들이 Z 세대가 주류인 신입사원 고용에 어려움을 느낀다고 한다. 앞으로 알파 세대의 직업관과 사고를 이해하는 것은 안정적인 기업문화를 만들어 나가는

데 도움이 될 것이다. 예를 들어 Z 세대에게는 지속 가능성을 강조하는 것이 효과적이고, 알파 세대에게는 다양성을 포함해 DEI를 강조하는 것이 효과적일 것이다.

잘파 세대를 이해하는 것은 이제 선택이 아니라 필수가 되었다. 팬데믹 이후 거대한 변화의 변곡점에 선 기업이 핵심 소비 권력으로 떠오른 잘파 세대에 대한 심도 있는 이해를 통해 저마다 위기를 돌파할 현명한 진화 전략을 세울 수 있기를 바란다.

· 주 ·

프롤로그 | 단절과 불확실성 속에 소비 신인류가 부상하다

[1] James Surowiecki, 「Hanging Tough」, *The New Yorker*, 2009.4.13.

1장 | 잘파 세대가 이끄는 새로운 소비 트렌드

[1] 「Understanding Generation Alpha」, *mccrindle.com*, 2020.

[2] 「Generation Z and Alpha Infographic Updates」, *mccrindle.com*.

[3] Zach Hirsch, 「From Z to Alpha — A Few Tips to Help You Understand the Next Generations of Consumers」, *Entrepreneur*, 2023.2.27.

[4] Sara Lebow, 「Gen Alpha will be more diverse than the rest of the US population」, *emarketer*, 2023.2.7.

[5] Sara Lebow, 「Gen Z no more focused on a brand's social values than older generations」, *Insider Intelligence*, 2023.1.12.

[6] Shreyosi Chakraborty, 「Top 10 Child YouTubers who are rocking the cyberspace」, *EducationWorld*, 2021.07.14.

[7] Connor Perrett, 「Adidas launches new 'Sportswear' label to target young consumer's」, *Retail Reader*, 2023.2.6.

[8] Dayna Winter, 「11 Small Business Ideas for Teens in 2023」, *Shopify*, 2022.11.4.

2장 | 알고리즘에 반기를 든 세대의 등장

[1] 이러한 가격 전략을 리테일에서는 다이내믹 프라이싱(Dyanmic Pricing)이라고 한다. 상품의 수요 공급에 따라 같은 상품의 가격이 조금씩 달라지게 알고리즘화해 수익을 극대화하는 전략이다.

[2] 「Millennials and Gen Zs' search privacy perceptions are changing」, *netimperrative*, 2020.3.27.

[3] Matthew Fox, 「$315 billion in market value has been erased from these 4 companies since Apple's iOS privacy changes went into effect last year」, *Insider*, 2022.2.4.

[4] 참고로 알고리즘의 근원적인 역사는 길지만 우리에게 익숙한 알고리즘의 개념은 1992년 미국 캘리포니아 팔로알토(Palo Alto) 지역에 위치한 제록스(Zerox) 직원들에게서 시작된 것으로 본다. 엔지니어들이 수많은 이메일을 관련성 순으로 점수화하는 시스템을 만들었고 이를 태피스트리

242   잘파가 온다

(tapestry, 다채로운 색실로 그림을 표현하는 직물 공예)라고 불렀다. 태피스트리는 해당 이메일을 열어봤는가, 해당 이메일을 열어본 사람들의 반응은 무엇인가 등의 협력적 필터링(collaborative filtering)을 이용한 알고리즘으로 분류된다. 이후 2년 뒤 MIT의 미디어 랩에서 링고(Ringo)라는 음악 추천 시스템을 만들었는데, 이는 비슷한 뮤지션을 좋아하는 사용자의 취향을 비교해 추천하는 시스템이었다. 이를 소셜-정보 필터링(social-information filtering)이라고 불렀다. 구글의 경우도 1998년에 출시된 오리지널 검색 툴은 페이지랭크(PageRank)라는 웹 페이지의 관련 중요도를 측정해 만들었다. 이렇게 어떤 목적에 따라 정보의 특성을 조합하고 가중치를 부여해 순위를 매겨 해당 목적에 맞게 이용하는 것이 알고리즘이다.

[5]   Jennifer Jhun, Jennifer Pearson, 「Data Drop: 5 Charts You Need to Understand Gen Z in 2023」, *Insider Intelligence*, 2023.1.18.

[6]   Chloe Cox, 「Social media is widely viewed as a young person's game, so attention inevitably turns to their user habits」, *Wunderman Thompson*.

[7]   Jeremy Goldman, 「TikTok 'heating' revelation suggests the platform isn't as algorithmically driven as many thought」, *Insider Intelligence*, 2023.1.20.

[8]   Jeremy Goldman, 「TikTok 'heating' revelation suggests the platform isn't as algorithmically driven as many thought」, *Insider Intelligence*, 2023.1.20.

[9]   Carolina A. Miranda, 「TikTok's addictive anti-aesthetic has already conquered culture」, *LA Times*, 2023.1.4.

[10] 「[넷플릭스팁] 장르별 시크릿 정보와 골라보는 방법(feat. Netflix...)」, 잡동사니's 티스토리, 2021.11.11.

[11] 인코그니토 모드에 대해 유의할 점은 구글의 인코그니토 모드가 100% 우리 행적을 감추시는 않는다는 것이다. 2022년 10월 《워싱턴 포스트》에 따르면 미국의 법무부는 2020년 구글 대상으로 소송을 했다. 텍사스, 애리조나주, 워싱턴주와 비디오게임 회사 에픽(Epic)과 데이팅 앱 매치닷컴 등의 회사도 구글에 소송을 제기했거나 제기할 예정이다. 이유는 인코그니토 모드를 사용하더라도 구글이 로그인 정보를 알아챌 수 있고 더 나아가 광고 등 비즈니스 목적으로 이용한다는 것이다. 이 중 몇 건은 결과가 나오긴 했지만, 앞으로도 많은 소송이 예상되어 구글이 질 경우 그 파급 효과가 엄청날 것으로 전망된다. 사실 사생활을 보호하는 가장 효과적인 옵션은 VPN(Virtual Private Networks)인데, VPN은 IP 주소 자체를 숨기고 인터넷상의 활동 데이터를 인크립트(encrypt)하기 때문이다.

[12] 백희연, 「"명절수당 줬대" 유튜브 가짜뉴스 믿는 엄빠…자식들의 반격」, 《중앙일보》, 2021.10.17.

[13] 김기윤, 「"이 영상 나한테 왜 떴지?" 뜬금없는 유튜브 알고리즘에 피로감」, 《동아일보》, 2021.1.5.

[14] 김기윤, 위의 기사.

[15] Jin Yu Young, 「'We're Very Blessed and Lucky': Maui Resident's Home Saved」, *The New York Times*, 2023.8.14.

[16] 진민정, 「[유럽언론 톺아보기] Z 세대 겨냥한 새로운 소셜 미디어, '비리얼'과 '슬레이'」, 《미디어오늘》, 2023.2.18.

[17] Sophia Rascoff, 「Battling Gen-Z's Social Media Problem, One App At A Time」, *Forbes*, 2022.1.9.

[18] 「Introducing more ways to create and connect with TikTok Now」, TikTok, 2022.9.15.

[19] 「Chipotle Announces Fourth Quarter And Full Year 2022 Results」, Chipotle.

[20] Jeena Sharma, 「How Chipotle is experimenting with BeReal, Gen Z's new favorite social platform」, *Retail Brew*, 2022.5.25.

3장 | 디지털 네이티브, 인간적 소통을 갈구하다

[1] 「On 'Doomsurfing' and 'Doomscrolling'」, Merriam-Webster.

[2] Jessica Klein, 「The darkly soothing compulsion of 'doomscrolling'」, BBC, 2021.3.3.

[3] Jessica Klein, 「The darkly soothing compulsion of 'doomscrolling'」, BBC, 2021.3.3.

[4] 노리나 허츠, 『고립의 시대』, 웅진지식하우스, 2021.

[5] Lidia Kelly, 「Melbourne to ease world's longest COVID-19 lockdowns as vaccinations rise」, *Reuters*, 2021.10.17.

[6] Yannick Stephan, Martina Luchetti, Damaris Aschwanden, Ji Hyun Lee, Amanda A. Sesker, 「Differential personality change earlier and later in the coronavirus pandemic in a longitudinal sample of adults in the United States」, *Plos One*, 2022.9.28.

[7] 박나영, 「학교 정상화 아직 멀었다…학습결손 등 과제 '산적'」, 《시사저널》, 2022.5.2.

[8] Beth McMurtrie, 「Teaching in an Age of 'Millitant Apathy'」, 2023.2.15.

[9] Megan Cerullo, 「Feeling lonely during the lockdown? Call Zappos」, *CBS News*, 2020.1.1.

[10] 「How Do Gen Alpha And Gen Z Gamers Enjoy Games?」, *Latis*, 2023.3.24.

[11] 「Escape The Algorithm - Why Gen Z Loves Discord and What it Means for Marketers」, *QULRURE*.

[12] L. Ceci, 「Discord - Statistics & Facts」, *Statista*, 2023.3.8.

[13] 「Nextdoor is integrating generative AI to drive engaging and kind conversations in the neighborhood」, Nextdoor, 2023.5.2.

[14] 「Nextdoor announces fourth quarter and full year 2022 results」, Nextdoor, 2023.2.28.

[15] 김성현, 「당근마켓, 같이해요 '반짝모임'으로 새단장」, 《지디넷코리아》, 2022.12.16.

[16] 이상현, 「"10명 중 6명 가입"…당근마켓, 韓 최고 지역 커뮤니티 앱 등극」, 《매일경제》, 2023.2.9.

[17] 「Nextdoor strengthens neighborhood connections with new product strategy and features to build an active valued community」, Nextdoor, 2022.2.15.

[18] Kaitlin Balasaygun, 「Discord is paying for teens to give each other compliments」, *CNBC*, 2023.1.23.

[19] 「Gen Z women are flocking to an app called Geneva which combines all the best parts of the internet, creators say」, *Insider*, 2022.8.

[20] 위의 기사.

[21] 김은영, 「기업 가치 3조 당근마켓, 작년 영업손 540억⋯ 적자폭 더 커졌다」, 《조선비즈》, 2023.4.11.

[22] Amanda Silberling, 「Discord acquires Gas, a compliments-based social media app for teens」, *TechCrunch*, 2023.1.18.

[23] L. Ceci, 「In-app purchase revenues of Discord mobile app worldwide from 2nd quarter of 2019 to 1st quarter 2023」, *Statista*, 2023.5.3.

[24] Marina Azcárate, 「A Discord Growth Strategy: The Best Way To Build Community」, *Nextcartel*, 2022.7.18.

4장 | 클릭 한번으로 가치관을 드러내다

[1] Jordan Valinsky, 「Liquid Death canned water company is now worth $700 million」, 2022.10.4.

[2] Amy McCarthy, 「The Cult of Liquid Death」, *Eater*, 2022.12.6.

[3] Nicolas Kachaner, Jesper Nielsen, Adrien Portafaix, Florent Rodzko, 「The Pandemic Is Heightening Environmental Awareness」, 2020.7.14.

[4] Sensomatic, 2022년 미국 소비자 1천 명 대상 조사(1.28~1.30), Statista 리포트 「Sustainable Consumption in the United States: Intention versus action」에 수록.

[5] Ripple effect: 호수에 큰 돌을 던지면 한 차례 큰 파동과 함께 시간이 흐르면서 호수 가장자리에까지 파동이 이어지는 것. 특정 지점에서부터 어떤 효과가 물결처럼 퍼져나가는 것을 의미한다.

[6] 김용섭, 『라이프트렌드』, 부키, 2023.

[7] 「IBM Global Consumer Study: Sustainability Actions Can Speak Louder Than Intent」, IBM, 2022.4.13.

[8] Jennifer Jhun, Jennifer Pearson, 「Data Drop: 5 Charts You Need to Understand Gen Z in 2023」, *Insider Intelligence*, 2023.1.18.

[9] Kiley Hurst, 「U.S. teens are more likely than adults to support the Black Lives Matter movement」, *Pew Research Center*, 2022.6.16.

[10] Anisha Kohli, 「Why Patagonia's Billionaire Founder Just Gave Away His Company」, *Time*, 2022.9.15.

[11] 「Only the Best Gear Will Get Through These Doors in 2024」, *Suston*, 2023.2.21.

[12] 1958년에 남부 캘리포니아에서 창업되었으며, 1979년 알디를 소유한 독일 알브레히트가 (Albrecht family of Germany)에 인수되었다.

[13] Sustainability | Trader Joe's(traderjoes.com)

[14] Marianne Wilson, 「Trader Joe's takes top spot in 'brand intimacy' ranking」, *CSA*, 2022.11.27.

[15] Dretsch, H., 「Meet the mini millennials: Generation Alpha」, *NC State University*, 2021.10.1.

[16] Caitlin Nuttall, 「5 key characteristics of US Generation Alpha」, *GWI*, 2022.9.20.

[17] Emily Strain,「Generation Alpha: Your Future Employees (or Coworkers)」, *CORGAN*, 2023.4.12.

[18] Building digital inclusion with strategic partners, *Verizon*, 2023.

[19] Bernadette Brijlall, 「Verizon Innovative Learning reaches 3 million students nationwide」, *News Center*, 2023.3.15.

[20] Emily Strain, 위의 기사.

[21] Martha Kelner, 「Nike's controversial Colin Kaepernick ad campaign its most divisive yet」, *The Guardian*, 2018.9.4.

[22] Sarah Vizard, 「Nike 'proud' of Colin Kaepernick ad as campaign drives 'record engagement'」, *Marketing Week*, 2018.9.26.

[23] Kate Gibson, 「Colin Kaepernick is Nike's $6 billion man」, *CBS*, 2018.9.21.

[24] Claire Paull, 「Lead With Your Brand Values and a Growth Mindset During Times of Uncertainty」, *ADWEEK*.

[25] Jennifer Jhun, Jennifer Pearson, 「Data Drop: 5 Charts You Need to Understand Gen Z in 2023」, *Insider Intelligence*, 2023.1.18.

[26] Megan Armstrong, Eathyn Edwards, 「Corporate commitments to racial justice: An update」, *Mckinsey & Company*, 2023.2.21.

[27] Ted Cannis, 「Confidence and growth」, *KPMG*, 2022.

[28] Alhouti, Sarah, Catherine M. Johnson, and Betsy Bugg Holloway. "Corporate social responsibility authenticity: Investigating its antecedents and outcomes." *Journal of business research* 69, no. 3 (2016): 1242-1249.

[29] Wagner, Tillmann, Richard J. Lutz, and Barton A. Weitz. "Corporate hypocrisy:

Overcoming the threat of inconsistent corporate social responsibility perceptions." *Journal of marketing* 73, no. 6 (2009): 77-91.

5장 | 관계도, 콘텐츠도, 식사도 간편해야 한다

[1] 「relationship」 *Collins Dictionary*.

[2] Know Your Meme(https://knowyourmeme.com/memes/situationship)

[3] Jenn Mann, 「10 Signs You're In a 'Situationship'」 *Instyle*, 2022.9.8.

[4] 다만 이 차이는 유튜브가 다른 소셜 미디어보다 계정이 반드시 필요하지는 않기 때문으로 볼 수 있다.

[5] Shelagh Dolan, 「How mobile users spend their time on their smartphones in 2023」 *Insider Intelligence*, 2023.1.14.

[6] Mason Walker, Katerina Eva Matsa, 「News Consumption Across Social Media in 2021」 *Pew Research Center*, 2021.9.20.

[7] Prarthana Prakash, 「Millennials and Gen Z's rebellion against their parents' rules is spawning a $181 billion industry that makes everything into a snack」 *Fortune*, 2023.5.16.

[8] 「Insight & Strategy: Don't Ever Leave Me」 *World Federation of Advertisers*, 2022.1.27.

6장 | 불확실성이 소비자를 바꾸다

[1] 맹준호, 「비타민계 에르메스' 오쏘몰, 연매출 두 배 눈앞」, 《서울경제》, 2022.11.21.

[2] Liz Flora, 「With $55 toothpaste, indie oral care is going even more upscale」 *Giossy*, 2020.10.29.

[3] Raleigh N.C., 「NC Education Lottery sees record ticket sales during COVID-19 pandemic」 *WTVD-TV*, 2021.8.3.

[4] Gabrielle Canon, 「Historic heat to extreme chill: why is the US experiencing a cold snap?」 *The Guardian*, 2022.12.22.

[5] US. Government Accountability Office, 2023.2.28.

[6] Desmond Lachman, 「A Japan Shock Could Soon Hit Global Markets」 *Barron's*, 2023.1.31.

[7] 이상용, 「미국 빅 테크들의 대량 해고 사태가 던지는 의미」, 《이코노미뉴스》, 2023.1.28.

[8] Aislinn Murphy, 「More Americans live paycheck to paycheck」 *Fox Business*, 2023.1.31.

[9] Forecasts and Takeaways from NRF's Big Show@WWD by David Moin, Evan Clark and Jean E. Palmieri, 2023.1.17.

[10] 「Inflation Forces Consumers to Rethink Smartphone, Subscription, Grocery Purchases」 *PYMNTS*, 2023.2.2.

[11] Kristina Rogers, 「Future Consumer Index: In crisis, but in control」, EY, 2022.1.29.

[12] Kari Alldredge, 「How US consumer behavior is changing: Insights for CPG companies」, Mckinsey & Company, 2022.10.27.

[13] Sarah Mittal, 「Navigating Consumer Uncertainty in Turbulent Financial Times」, *Ipsos*, 2022.12.6.

[14] Xuyao Wu, Jing Li, Ye Li, 「The impact of uncertainty induced by the COVID-19 pandemic on intertemporal choice」, *National Library of Medicine*, 2022.8.19.

[15] Andy Nelson, 「Prime time: premium products remain a strong perimeter draw」, *Supermarket perimeter*, 2022.10.20.

[16] Daniella Genovese, 「Despite inflation, consumers are still splurging on luxury spirits」, *Fox Business*, 2022.12.23.

[17] Avery Hartmans, 「Why you could be drinking more prosecco than Champagne at your New Year's party this year」, *Insider*, 2022.12.31.

[18] Becky Boyle, Chris Beer, 「The consumer dilemma」, *GWI*, 2023.2.

[19] Dinesh Gauri, Raj Raghunathan, Wangshuai Wang, 「Research: When Consumers Feel Less Powerful, They Seek More Variety」, *Harvard Business Review*, 2022.10.19.

[20] 남정미, 「90년대 삼촌이 입던 그 옷, 제니가 입고 돌아왔네」, 《조선일보》, 2022.10.1.

[21] James Surowiecki, 「Hanging Tough」, 2009.4.13.

[22] John A. Quelch·Katherine E. Jocz, 「How to market in a downturn」, *Harvard Business Review*, 2009.4., p. 52~62.

[23] Alison Coleman, 「Why Launch A New Business In A Recession? Why Not?」, *Forbes*, 2023.1.31.

[24] Abigail Fagan, 「Have We Overburdened Gen Z With Fears of the Future?」, *Psychology Today*, 2022.12.14.

7장 | 자신만의 '젊음'의 기준을 찾다

[1] Ashlee Vance, 「The Man Who Spends $2 Million a Year to Look 18 Is Swapping Blood With His Father and Son」, *Bloomberg*, 2023.5.22.

[2] Douglas Broom, 「6 trends that define the future of health and wellness」, *World Economic Forum*, 2022.2.15.

[3] Brianna Cocuzzo, Algevis Wrench, Chasity O'Malley, 「Effects of COVID-19 on Older Adults: Physical, Mental, Emotional, Social, and Financial Problems Seen and Unseen」, *Cureus*, 2022.9.23.

[4] 「Non-Alcoholic Drinks - United States」 *Statista*, 2023.

[5] Elizabeth Christenson, 「Consumer research snapshot: Gen Z's health-conscious lifestyle drives beverage innovation」 *Retail Leader*, 2023.4.27.

[6] 「Hungry and confused: The winding road to conscious eating」 *Mckinsey*, 2022.10.

[7] Headspace Revenue and Usage Statistics, Business of Apps, 2023.

[8] Arianna Huffington, 「Here's how the pandemic-fueled surge in gaming is reshaping our understanding of its effects on mental health」 *Fortune*, 2022.8.10.

[9] Kowal, Magdalena, Eoin Conroy, Niall Ramsbottom, Tim Smithies, Adam Toth, and Mark Campbell, 「Gaming your mental health: A narrative review on mitigating symptoms of depression and anxiety using commercial video games」 *JMIR serious games* 9, no. 2 (2021): e26575.

[10] Mike Wilson, 「We Can't Wait to Tell the World How Good Games Are for You」, Deepwell.

[11] 이유진, 「워킹맘이 멍때리기 대회 나온 까닭 "멍 때릴 시간 1도 없다"」, 《한겨레》, 2023.05.22.

[12] 김서희, 「멍 때리는' 시간, 하루에 00분 넘지 말아야」, 《헬스조선》, 2023.02.14.

[13] Future Consumer 2025, *WGSN*, 2023.

[14] Ana M. López, 「Distribution of digital nomads in the United States in 2022, by generation」 *Statista*, 2022.10.21.

[15] Statista Research Department, 「Camping in North America - statistics & facts」 *Statista*, 2023.3.28.

[16] 장성실, 「K-뷰티의 키포인트 #웰빙」 *Allure*, 2023.01.26.

[17] Rachel Brown, 「Better Not Younger Launches At Ulta Beauty, Gen Z's Favorite Beauty Retailer, To Serve Gen X And Baby Boomer Consumers」 *Beauty Independent*, 2021.9.9.

[18] Elizabeth Christenson, 「Lululemon targets modern fitness consumers, expands digital workouts」 *Retail Leader*, 2023.06.13.

[19] Douglas Brown, 「5 retailers innovating the brick-and-mortar shopping experience」 *Supermarketnews*, 2023.6.8.

·참고문헌·

Andreassen, Cecilie Schou, Ståle Pallesen, Mark D. Griffiths, 「The relationship between addictive use of social media, narcissism, and self-esteem: Findings from a large national survey」 *Addictive Behaviors* 64 (2017): 287-293.

Blight, Michael G., Erin K. Ruppel, Kelsea V. Schoenbauer, 「Sense of community on Twitter and Instagram: Exploring the roles of motives and parasocial relationships」 *Cyberpsychology, Behavior, and Social Networking* 20, no. 5 (2017): 314-319.

Bradshaw, Hannah K., Christopher D. Rodeheffer, Sarah E. Hill, 「Scarcity, sex, and spending: Recession cues increase women's desire for men owning luxury products and men's desire to buy them」 *Journal of Business Research* 120 (2020): 561-568.

Brailovskaia, J., Teichert T., 「"I like it" and "I need it": Relationship between implicit associations, flow, and addictive social media use」 *Computers in Human Behavior* 113 (2020): 106509.

Brailovskaia, Julia, Jürgen Margraf, 「The relationship between burden caused by coronavirus (Covid-19), addictive social media use, sense of control and anxiety」 *Computers in Human Behavior* 119 (2021): 106720.

Boursier, Valentina, Francesca Gioia, Mark D. Griffiths, 「Do selfie-expectancies and social appearance anxiety predict adolescents' problematic social media use?」 *Computers in Human Behavior* 110 (2020): 106395.

Cukier, Kenneth, 「Commentary: How AI shapes consumer experiences and expectations」 *Journal of Marketing* 85, no. 1 (2021): 152-155.

Deloitte. 2023 Global Marketing Trends.

DFA, 「How 2020 Impacted Generational Shopping Habits」 2021.4.13.

Di Domenico, Giandomenico, Jason Sit, Alessio Ishizaka, Daniel Nunan, 「Fake news, social media and marketing: A systematic review」 *Journal of Business Research* 124 (2021): 329-341.

Ding, Xiaodong, 「On the legal regulation of algorithms」 *Frontiers L. China* 17 (2022): 88.

Ferraro, Carla, Alicia Hemsley, Sean Sands, 「Embracing diversity, equity, and inclusion (DEI): Considerations and opportunities for brand managers」 *Business Horizons* 66, no. 4 (2023):

463-479.

Gupta, Ashish, Jitender Kumar, Tavishi Tewary, Nirmaljeet Kaur Virk, 「Influence of cartoon characters on generation alpha in purchase decisions」, *Young Consumers* 23, no. 2 (2022): 282-303.

Hari, Johann, *Stolen Focus: Why You Can't Pay Attention*, 2022. [요한 하리, 『도둑맞은 집중력』, 김하현 역, 어크로스, 2023.]

Hartmann, Benjamin J., Katja H. Brunk, 「Nostalgia marketing and (re-) enchantment」, *International Journal of Research in Marketing* 36, no. 4 (2019): 669-686.

Haumann, Brent, Amy Duncan, Tshepo Matlou, Andrew Bourne, 「Generation Alpha: The Next Economic Force?」, *Personal Finance Magazine* 2022, no. 496 (2022): 13-14.

Harvard Business Review , *The Business Case for Understanding Generation Alpha*, 2023.7.19.

Hilvert-Bruce, Zorah, James T. Neill, Max Sjöblom, Juho Hamari, 「Social motivations of live-streaming viewer engagement on Twitch」, *Computers in Human Behavior* 84 (2018): 58-67.

Insider Intelligence, 「3 ways Gen Alpha is different from Gen Z—and what it means for marketers」, 2023.5.2.

Ipsos, 「Navigating Consumer Uncertainty in Turbulent Financial Times」, 2022.

Kaplan-Berkley, Sharon, 「Digital tools and streaming media converge to inspire social interactions of generation alpha」, *International Journal of Early Childhood* 54, no. 2 (2022): 185-201.

Kelley, Nicholas J., William E. Davis, Jianning Dang, Li Liu, Tim Wildschut, Constantine Sedikides, 「Nostalgia confers psychological wellbeing by increasing authenticity」, *Journal of Experimental Social Psychology* 102 (2022): 104379.

Lembke, Anna, Dopamine Nation: Finding Balance in the Age of Indulgence, 2021. [애나 렘키, 김두완 역, 『도파민네이션』, 흐름출판, 2022.]

Liu, Zhaoxi, Dan Berkowitz, 「Blurring boundaries: Exploring tweets as a legitimate journalism artifact」, *Journalism* 21, no. 5 (2020): 652-669.

Lomborg, Stine, Patrick Heiberg Kapsch, 「Decoding algorithms.」, *Media, Culture & Society* 42, no. 5 (2020): 745-761.

Loh, Huey S., Sanjaya S. Gaur, Piyush Sharma, 「Demystifying the link between emotional loneliness and brand loyalty: Mediating roles of nostalgia, materialism, and self-brand connections」, *Psychology & Marketing* 38, no. 3 (2021): 537-552.

Lomborg, Stine, Patrick Heiberg Kapsch, 「Decoding algorithms」, *Media, Culture & Society* 42, no. 5 (2020): 745-761.

Lu, Benjiang, Zhenjiao Chen, 「Live streaming commerce and consumers' purchase intention: An uncertainty reduction perspective」 *Information & Management* 58, no. 7 (2021): 103509.

MacDonald, Daniel, Yasemin Dildar, 「Social and psychological determinants of consumption: Evidence for the lipstick effect during the Great Recession」 *Journal of Behavioral and Experimental Economics* 86 (2020): 101527.

MacInnis, Deborah J., Valerie S. Folkes, 「Humanizing brands: When brands seem to be like me, part of me, and in a relationship with me」 *Journal of Consumer Psychology* 27, no. 3 (2017): 355-374.

McCrindle Mark, *Generation Alpha*, Hachette Australia, 2023.2.

McKinsey & Company, 「Hungry and confused: The winding road to conscious eating」 2022.10.

McKinsey & Company, 「Still feeling good: The US wellness market continues to boom」 2022. 10.

McKinsey & Company, 「The future of US healthcare: What's next for the industry post-COVID-19」 2022.7.

McKinsey & Company, 「Consumers care about sustainability—and back it up with their wallets」 2023. 2.

Moran, Gillian, Laurent Muzellec, Devon Johnson, 「Message content features and social media engagement: evidence from the media industry」 *Journal of Product & Brand Management* 29, no. 5 (2020): 533-545.

Nunes, Joseph C., Andrea Ordanini, and Gaia Giambastiani, 「The concept of authenticity: What it means to consumers」 *Journal of Marketing* 85, no. 4 (2021): 1-20.

Omar, Nor Asiah, Muhamad Azrin Nazri, Mohd Helmi Ali, Syed Shah Alam, 「The panic buying behavior of consumers during the COVID-19 pandemic: Examining the influences of uncertainty, perceptions of severity, perceptions of scarcity, and anxiety」 *Journal of Retailing and Consumer Services* 62 (2021): 102600.

Placer.ai, 「10 Regional Powerhouses to Watch: Top Brands Dominating Local Markets」 2023.2.

PWC, 「Consumers seek frictionless experiences in a world of disruptions」 2023.2.

Rana, Sudhir, Sachin Kumar Raut, Sanjeev Prashar, Majdi Anwar Quttainah, 「The transversal of nostalgia from psychology to marketing: What does it portend for future research?」 *International Journal of Organizational Analysis* 30, no. 4 (2020): 899-932.

Rawhouser, Hans, Michael Cummings, Scott L. Newbert, 「Social impact measurement:

Current approaches and future directions for social entrepreneurship research」, *Entrepreneurship theory and practice* 43, no. 1 (2019): 82-115.

Reich, Rob, Sahami, Mehran, Weinstein, Jeremy M., System Error: Where Big Tech Went Wrong and How We Can Reboot, 2021. [롭 라이히, 메흐란 사하미, 제러미 M. 와인스타인 저, 이영래 역, 『시스템 에러』, 어크로스, 2022.]

Sarmento, Maria, Susana Marques, Mercedes Galan-Ladero, 「Consumption dynamics during recession and recovery: A learning journey」, *Journal of Retailing and Consumer Services* 50 (2019): 226-234.

Serenko, Alexander, 「The human capital management perspective on quiet quitting: recommendations for employees, managers, and national policymakers」, *Journal of Knowledge Management* (2023).

Singh, Ramendra, Yukti Sharma, Jitender Kumar, 「A road less traveled in nostalgia marketing: impact of spiritual well-being on effects of nostalgic advertisements」, *Journal of Marketing Theory and Practice* 29, no. 3 (2021): 289-307.

Valenzuela, Sebastián, Martina Piña, Josefina Ramírez, 「Behavioral effects of framing on social media users: How conflict, economic, human interest, and morality frames drive news sharing」, *Journal of Communication* 67, no. 5 (2017): 803-826.

Vlasuk, Mary, 「Generation Alpha: online, dependent, and depressed」, *The Lancet Child & Adolescent Health* 6, no. 6 (2022): 363.

WGSN, 「Retail Forecast 2023」, 2023.1.26.

WGSN, 「Future Consumer 2025」, 2023.2.13.

Wilson, Sara, 「Where Brands Are Reaching Gen Z」, *Harvard Business Review*, 2021.3.11. https://hbr.org/2021/03/where-brands-are-reaching-gen-z.

Wozniak, Hannah, Christophe Larpin, Carlos de Mestral, Idris Guessous, Jean-Luc Reny, Silvia Stringhini, 「Vegetarian, pescatarian and flexitarian diets: sociodemographic determinants and association with cardiovascular risk factors in a Swiss urban population」, *British Journal of Nutrition* 124, no. 8 (2020): 844-852.

Zarouali, Brahim, Tom Dobber, Guy De Pauw, Claes de Vreese, 「Using a personality-profiling algorithm to investigate political microtargeting: assessing the persuasion effects of personality-tailored ads on social media」, *Communication Research* 49, no. 8 (2022): 1066-1091.

김난도 외,『트렌드 코리아 2023』미래의창, 2022.

모종린, 김보민, 박예솔,『로컬 브랜드 리뷰 2023』포틀랜드스쿨, 2023.

안성은,『믹스』더퀘스트, 2022.

홍성태,『브랜드로 남는다는 것』북스톤, 2022.

34 pocket.watch, 35 Amazon(위), 토스뱅크(아래), 36 아디다스코리아, 39 KidKraft, 51 Shopify(위), L'Oréal(아래), 54 AP Photo(Michael Dwyer), 61 TapeReal(위), BeReal(아래), 66 Lush, 72 Tiktok(왼쪽), Instagram(오른쪽), 74 Chipotle, 82 Meredith Michael Smith, 91 Discord, 95 당근, 99 GAS(위), Geneva(아래), 103 Gucci, 111 Liquid Death, 119 CallumShaw, 121 Forbes, 125 Pepsi(위), Twitter(아래), 131 The Phluid Proejct, 133 Twitter(위), Nike(아래), 141 Everlane, 148 Tiktok, 151 Google Trends, 152 Google, 153 Netflix, 166 Etsy(위), Youtube(아래), 167 Larcta, 175 vVARDIS(위), 191 Marithé François Girbaud(위, 좌 하단), Lee(우 하단), 193 Mcdonald's, 199 P&G, 205 Betabrand, 212 Magdalena Wosinska, 226 Youtube, 229 스위스밀리터리(좌 하단), 232 Better Not Younger, 234 Lululemon

※ 크레딧 표시가 없는 이미지는 셔터스톡 제공 사진입니다.
※ 일부 저작권 확인이 되지 않은 이미지에 대해서는 저작권을 확인하는 대로 통상의 비용을 지불하 도록 하겠습니다.

잘파가 온다

초판 1쇄 발행 2023년 10월 6일
초판 2쇄 발행 2023년 12월 11일

지은이 황지영

발행인 이재진 **단행본사업본부장** 신동해
편집장 김예원 **책임편집** 김다혜
디자인 디박스 **교정** 이정현
마케팅 최혜진 백미숙 **홍보** 반여진 **제작** 정석훈

브랜드 리더스북
주소 경기도 파주시 회동길 20
문의전화 031-956-7357(편집) 031-956-7129(마케팅)
홈페이지 www.wjbooks.co.kr
인스타그램 www.instagram.com/woongjin_readers
페이스북 www.facebook.com/woongjinreaders
블로그 blog.naver.com/wj_booking

발행처 (주)웅진씽크빅
출판신고 1980년 3월 29일 제406-2007-000046호

ⓒ황지영, 2023
ISBN 978-89-01-27550-5 03320